역사저널

그날

2

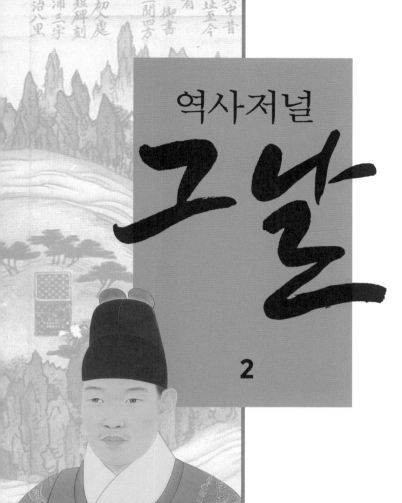

역사저널

그날

2

문종에서 연산군까지

KBS 역사저널 그날 제작팀

민음사

　　우리 역사 속에서 '역사를 바꾼 결정적 그날'로 언제를 꼽을 수 있을까? 왕건이 궁예를 몰아낸 날, 이성계가 위화도회군을 한 날, 세종이 훈민정음을 창제하고 반포한 날, 이순신 장군이 명량해전에서 승리를 거둔 날, 안중근 의사가 이토 히로부미를 사살한 날 등 많은 날들을 떠올릴 수 있을 것이다. 그리고 이처럼 역사적인 그날이 있기까지 많은 정치적, 사회적 모순과 그것을 극복하려는 인간의 대응이 있었다.

　　「역사저널 그날」은 다양한 패널이 우리 역사를 바꾼 그날로 들어가서 당시 상황을 소개하고 자신의 소회를 피력하는 독특한 형식의 프로그램으로 출발했다. 그동안 KBS에서는 「TV 조선왕조실록」, 「역사스페셜」, 「한국사傳」 등 많은 역사 프로그램을 제작해 왔지만 토크 형식으로 역사를 이야기하는 시도는 처음이었다. 다행히 '역사와 이야기의 만남'은 역사를 보는 새로운 관점을 제시하였고, 「역사저널 그날」은 역사 교양 대표 프로그램으로 자리 잡아 가고 있다. 이 책은 '그날'의 배경을 먼저 서술하여 독자의 이해를 도운 후 방송의 내용을 체계적으로 정리하는 방식을 취한다. 주요 내용을 압축한 소제목을 제시하여 사건의 흐름을 파악하기 쉽게 했고, 필요에 따라 관련 사료와 도판을 삽입하여 방송에서 다룬 영상을 보다 구체적으로 전달하고자 했다.

　　이번 책에서 다루고 있는 내용은 다음과 같다. 1441년 7월 23일은 오랜 기다림 끝에 원손(단종)이 탄생한 날이었지만 결국에는 1453년 10월 10일 수양대군이 하룻밤의 승부를 거는 원인이 되었다. 1455년 수양대군이 옥새를 받은 날 역시 단종 복위 운동의 시발점이 되고 말았다. 세조와 공신들, 피로 맹세한 날에서는 술자리를 통해 공신을 장악하는 세조의 정치력이 강조된다. 청년 장군 남이는 그 공신들의 벽에 막혀 비극적인 최후를 맞은 인물이었다. 성종의 어머니 인수대비가 며느리에게 사약을 내린 날에서는 조선 전기 왕비와 후궁의 모습을 생생하게 접할 수 있다. 어머니의 죽음에 대해 연산군이 광란의 복수극을 벌인 날에서는 왜 연산군이 최악의 패륜 군주로 기억되는지를 구체적으로 증언한다. 특별 기획 조선왕릉 편에서는 언뜻 비슷해 보이는 왕릉들이 지닌 저마다의 사연을 소개하여 역사를 보고 읽는 쏠쏠한 즐거움을 안겨 준다.

이 책이 탄생할 수 있었던 데에는 역사학자들의 논문이나 저서를 두루 섭렵하고 영상 매체로 역사를 쉽게 전달하기 위해 노력한 역사저널 그날 제작팀의 열정과 노력이 무엇보다 크다. 특히 방송의 시작부터 지금까지 대중의 눈높이에 맞춰 쉬운 언어로 대본을 써 준 김세연, 최지희, 홍은영, 김나경, 김서경 작가들의 노고가 없었다면 이 책은 탄생하기 힘들었을 것이다. 또한 현재까지 함께 진행을 하고 있는 최원정 아나운서와 류근 시인을 비롯하여, 「역사저널 그날」에 출연하여 많은 지식과 정보를 제공해 주셨던 전문가 선생님들께도 감사의 말씀을 드리고 싶다.

필자는 「역사저널 그날」의 기획 단계에서부터 참여하여 지금까지 출연하고 있는 인연 때문인지 이 책에 대한 애정이 누구보다 크다. 이 책을 통해 역사를 바꾼 결정적인 '그날'의 역사로 들어가 당시 인물과 사건을 만나고 이야기하면서 현재의 역사를 통찰해 보기를 권한다.

건국대학교 사학과 교수

신병주

일러두기

- 이 책의 본문은 KBS 「역사저널 그날」의 방송 영상과 대본, 방송 준비용 각종 자료 등을 바탕으로 하되, 책의 형태에 맞도록 대폭 수정하고 사료나 주석, 그림을 보충하여 구성했다.

- 각 장의 도입부에 있는 '그날을 만나면서'는 김범(국사편찬위원회)이 집필했다.

- 본 방송에서는 전문가 외 패널이 여러 명 등장하나, 가독성을 고려해 대부분 '그날'로 묶고 꼭 필요한 경우에만 이름을 살렸다.

- 본문에서 인용한 사료는 『국역 조선왕조실록』 등을 바탕으로 하되, 본문의 맥락에 맞게 일부 축약·수정하였다. 원본 사료는 국사편찬위원회의 '조선왕조실록' 홈페이지(sillok.history.go.kr)나 한국고전번역원의 '한국 고전 종합 DB'(db.itkc.or.kr) 등을 통해 확인할 수 있다.

- 실록 등 사료에 표시된 날짜는 해당 문헌에 쓰인 날짜이다. 예를 들어 실록의 날짜는 양력이 아니라 음력의 날짜다.

1

세자빈 권씨,
단종 낳고
죽던 날

　문종은 조선왕조가 시작된 뒤 적장자로 왕위를 이은 첫 국왕이다. 2대 정종은 차남이었지만 장남 이방우가 먼저 세상을 떠났기 때문에 적장자나 다름없었다. 또 정종의 즉위는 태종의 등극을 예비하는 강요된 선택이었으므로 정상적인 상속으로 보기 어렵다. 조선은 문종의 등극으로 5대 59년 만에 왕위 계승의 정상 궤도에 접어들었다.

　문종의 즉위는 여러 면에서 순조로웠다. 우선 부왕 세종은 '황금시대'라는 수사에 합당할 만한 발전과 안정을 이뤘다. 이런 환경은 문종에게 풍족한 정치적 유산이 되었다. 문종 자신의 능력도 출중했다. 문종은 유학은 물론 천문, 역수, 산술 등 거의 모든 학문에서 뛰어났다. 29세부터 세자로 국정을 대리하면서 풍부한 경험을 쌓은 것도 유리한 조건이었다. 눈부신 업적을 남긴 세종의 뒤를 이어 문종이 즉위했을 때 조선의 앞날은 평탄하게 보였다. 그러나 그 예상은 크게 빗나가고 말았다.

　그런 의외의 결과를 가져온 요인은 크게 두 가지로 지적할 수 있다. 우선 강건하지 못한 신체라는 문종의 내재적 조건이다. 가뜩이나 불안하던 문종의 건강은 어머니 소헌왕후 심씨와 아버지 세종의 삼년상을 잇따라 치르면서 더욱 악화되었다. 과로는 그가 재위 2년 3개월 만에 39세의 젊은 나이로 세상을 떠난 데 큰 요인으로 작용했다고 지적된다.

　다음으로 그가 통제할 수 없는 외부적 환경이 있었다. 그것은 뛰어난 능력과 적지 않은 정치적 야심을 가진 동생들의 존재였다. 가장 중요한 인물은 둘째 수양대군과 셋째 안평대군이었다. 문종부터 안평대군까지 네 살터울밖에 되지 않는 세 사람은 세종이 통치하는 동안 세자와 대군으로 여러 업무에 활발히 참여하면서 탁월한 능력을 발휘했다. 그러나 이런 긍정적 측면은 문종이 짧은 재위 만에 붕어하고 단종이 12세의 나이로 즉위하면서 잠재적 위협으로 변했다. 그 가능성은 금방 현실로 나타났다.

문종은 1442년부터 세종이 승하하는 1450년까지 국정을 대리했기 때문에 세종 후반의 치적은 문종의 보좌에 힘입은 측면이 컸다. 즉위 뒤에는 군사 제도를 개편하고 편찬사업을 활발히 전개했다. 문종은 건국 초기의 군사제도에서 상비군인 12사와 유사시의 부대인 5위가 효율적으로 연계되지 않는 문제점을 발견하고 12사를 5사로 줄여 방만한 국방 체계를 유기적으로 개편했다.

편찬 사업의 주요 성과는 『고려사』, 『고려사절요』, 『동국병감』 등을 간행한 것이다. 특히 고려시대 연구의 기본 사료인 『고려사』의 완성은 오랜 기간에 걸쳐 수정이 거듭된 난산으로 유명하다. 조선 건국 직후인 1395년 정도전, 정총이 편년체로 펴낸 『고려국사』는 조선 개창을 정당화하려는 목적에서 고려 후기의 역사를 사실보다 폄하했다는 문제가 지적되었다. 세종은 즉위 직후 개수를 지시했지만 용어와 내용 등에서 부족한 부분이 계속 나타나면서 좀처럼 진척되지 못하다가 1449년 다시 한 번 편찬이 지시된 끝에 문종 1년(1451)에 마침내 완성되었다. 60년에 가까운 『고려사』의 완성 과정은 조선 전기 역사 편찬의 엄정함을 보여주는 대표 사례로 평가된다.

문종의 순탄치 못한 결혼 생활도 덧붙일 만하다. 문종에게는 휘빈 김씨와 순빈 봉씨, 그리고 현덕왕후가 되는 권씨 등 세 명의 세자빈이 있었지만, 휘빈과 순빈은 불화와 음행 등의 이유로 폐출되었고, 현덕왕후는 1441년 단종을 낳은 지 하루 만에 세상을 떠났다.

세자빈 권씨
단종 낳고 죽던 날

1441년(세종 23) 7월 23일,
왕실에 기쁜 소식이 전해진다.
오랜 기다림 끝에 원손이 탄생한 것이다.

하지만 기쁨도 잠시
원손이 태어난 지 하루 만에
세자빈 권씨가 숨을 거두었다.

경사와 함께 찾아온 비극,

세자빈의 죽음은 왕실에 불어닥칠
피바람을 예고하고 있었다.

그날 「역사저널 그날」 오늘 살펴볼 그날은 세자빈 권씨가 단종을 낳고 죽던 날입니다. 대를 이을 세자가 태어났으니 기뻐해야 할 상황인데 또 마냥 기뻐할 수만은 없네요.

신병주 문종은 조선 역사상 처음으로 재임기에 왕비가 없었던 왕이에요. 문종이 빨리 돌아가시잖아요. 문종비가 살아 있었다면 어린 단종의 후견인이 돼 줬겠죠. 또 대비로서 왕실의 어른 역할을 했다면 계유정난 같은 비극이 없었을지도 몰라요. 그런 면에서 현덕왕후가 죽은 그날은 조선 역사의 큰 흐름이 바뀐 날이라고 볼 수 있죠.

그날 단순히 한 여인의 죽음이 아니라 조선왕조 정통성의 죽음이라고 볼 수도 있다는 거군요. 단종을 더 위험하게 만든 죽음이었으니까. 새 왕비를 들이지 않은 건 문종이 현덕왕후를 그만큼 사랑했기 때문이다, 이렇게 멜로적으로 해석해도 되는 건가요?

신명호 멋있게 생각하면 부인을 사랑해서 정조를 지켰다고 할 수 있는데, 표면적인 이유는 그렇지만 사실은 동생이 연이어 죽고, 어머니와 아버지까지 돌아가시고 그러다 보니 왕비 들일 틈이 없었죠. 그게 아마 제일 큰 이유였을 거예요.

그날 문종 하면 불운아, 세종의 아들, 단종의 아버지, 뭐 이 정도가 다잖아요? 문종 편 준비하면서 공부하려고 봤더니 문종에 대해서는 책도 별로 없고 교과서에서도 한두 줄 나올까요? 세종하고 세조라는 되게 묵직하고 걸출한 왕 사이에서 업적으로는 아버지 세종에게 밀리고, 극적인 드라마로 치면 아들 단종에게 밀리는 느낌이란 말이죠. 그래서인지 존재감이 크게 안 느껴지는 왕이긴 했어요.

신병주 그래도 정통성 부분에 있어서는 문종이 정말 대단한 왕이에요. 세종과 소헌왕후 심씨 사이에서 태어난 적장자죠. 왕세자로 책봉된

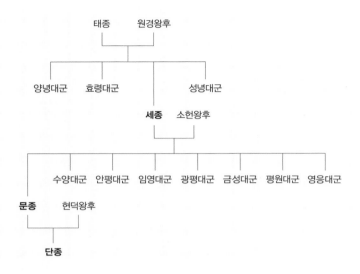

태종 ─── 원경왕후

양녕대군　효령대군　　　　성녕대군

세종 ─── 소헌왕후

수양대군　안평대군　임영대군　광평대군　금성대군　평원대군　영응대군

문종 ─── 현덕왕후

단종

문종의 가계도

뒤에 바로 세자 수업을 받았고, 아버지 세종이 돌아가신 후에 왕이 됐잖아요. 조선 역사상 적장자로서는 최초로 왕이 된 인물이고, 왕세자 수업만 무려 29년이나 했던 그야말로 준비된 왕이었어요.

문무 겸비에 아름다운 외모까지, 생활기록부로 읽는 문종

그날　적장자 왕위 계승 원칙이 5대 만에 비로소 이룩되는 거잖아요. 대단히 상징적인 왕이에요. 이분이 이렇게 존재감이 없다는 건 대단히 유감이네요. 문종이 어떤 인물이었는지 자세히 알아볼 필요가 있을 것 같아요. 그래서 문종의 생활기록부를 준비해 봤습니다. 성적표 보세요. 다 상(上)입니다, 올 수. 이렇게 모범적인 생활기록부 보셨어요? 지금까지 우리가 문종을 굉장히 문약한 왕이라고 알고 있었는데 궁술도 상이네요. 전 과목 상, 이건 뭐 전 과목 에이플러스나 마찬가지잖아요. 이러면 보통 인간미

이름	한글	이향	한자	李珦	본관	전주
생년월일	1414년 11월 15일		사망일	1452년 6월 1일		
거주지	창덕궁(昌德宮), 경복궁(景福宮)					
배우자	휘빈 김씨 순빈 봉씨 현덕왕후		자녀	1남2녀(단종 外)		

외모	교육	성격
근사한 수염에 기품 있는 얼굴 명나라 사신에게 인정받은 "아름다운 인물"	세자 수업 (28년 8개월)	성품이 너그럽고 인내심이 많음 말수가 적고 신중하다 효심과 우애가 깊다 노래와 여색 등을 좋아하지 않는다

육예(六藝)

예절(禮)	上 中 下
음악(樂)	上 中 下
궁술(射)	上 中 下
마술(御)	上 中 下
서예(書)	上 中 下
수학(數)	上 中 下

유교 경전

소학(小學)	수 우 미 양 가
효경(孝經)	수 우 미 양 가
대학(大學)	수 우 미 양 가
논어(論語)	수 우 미 양 가
중용(中庸)	수 우 미 양 가
맹자(孟子)	수 우 미 양 가

문종의 생활기록부

가 없거나 성격이 좀 비뚤어지기 쉬운데 성품도 좋다니 대단하네요. 게다가 명나라 사신에게 인정받은 아름다운 외모까지. 말수가 적고 신중하고, 효심이 깊고, 형제끼리 우애가 깊다. 완벽한 인간이죠. 그런데 기록이라는 건 남이 보고 평가한 모습이잖아요. 저게 정말 인간 문종을 제대로 보여 준 생활기록부라고 할수 있을까요?

신병주   유교에서 말하는 여섯 가지 기초 교양을 육예라고 해서 예악사
어서수(禮樂射御書數)를 꼽습니다. 풀어서 말하면 예의범절, 음
악, 활쏘기, 말타기, 서예, 수학이에요. 요즘 식으로 국영수 말고
예체능 쪽도 배우게 했던 거죠. 문종은 왕세자 시절부터 그런 방
면에 두루 능통했고, 또 실록을 보면 천문이나 역상[1] 등에도 모
두 능통했다고 해요. 부모에 대한 효심과 형제에 대한 우애가 깊
다, 이것도 형식적으로 쓴 게 아니에요. 실록에 세종이 앵두를
되게 좋아하셔서 문종이 세자궁 옆에 앵두나무를 심어 가지고
앵두가 익으면 아버지께 가져다 드렸다는 기록이 있어요.[†]

그날   창덕궁에 아직 그 앵두나무가 있을까요?

신병주   지금까지 있으면 천연기념물이 됐겠죠. 문종이 심은 앵두나무는
아마 죽었겠죠. 어쨌든 그 후로 궁궐에 앵두나무 심는 풍속이 생
겨서 지금도 경복궁이나 창덕궁에 앵두나무가 있어요.

> † 후원에 손수 앵두를 심어 매우 무성하였는데 익은 철을 기다려 올리니, 세종께서
> 반드시 이를 맛보고서 기뻐하시기를, "외간(外間)에서 올린 것이 어찌 세자가 손수 심
> 은 것과 같을 수 있겠는가?" 하였다.
> ― 『문종실록』 2년 5월 14일

왕실의 대를 이어야 할 적장자 문종의 고민

그날   여색을 좋아하지 않는다는 게 이해가 안 가는데, 개인적인 취향
이 아무리 그렇다고 해도 한 나라 왕실을 지켜야 할 사람으로서
여색을 가까이 않는다는 건 문제가 있는 거 아닌가요?

신명호   글쎄요. 그건 좀 다르게 해석해야 할 것 같아요. 여자를 좋아하
긴 했지만 여자한테 휘둘리지 않았다는 의미로요.

그날   아무래도 적장자였기 때문에 자식을 많이 낳아야 한다는 부담이
컸을 것 같아요.

신병주   문종에게 아들은 단종 하나밖에 없었고, 결과적으로 문종과 단종 모두 일찍 돌아가셨죠. 그 뒤에 세조의 맏아들인 의경세자도 일찍 죽고, 예종의 첫째 아들 인성대군도 그랬어요. 왕실의 적장자가 요절하는 징크스 같은 게 있었던 거죠. 그러다 보니 당시에 풍수지리학자 최양선이라는 사람이 '세종의 묏자리를 잘못 써서 그렇다'는 주장을 들고나와요. 원래 세종 무덤이 내곡동 태종 무덤 옆에 있었거든요. 그런데 최양선이 그걸 옮기지 않으면 '절사손장자(絶嗣損長子)', 즉 후사가 끊기고 장자가 일찍 죽는다고 예언한 거예요.† 결과적으로는 그게 맞아떨어진 거죠. 그러니까 왕실에서는 적장자가 이어지지 않는 데 불안을 느껴서 예종 때 세종의 무덤을 지금의 경기도 여주 지역으로 옮깁니다.

그날   5대째에 이르러서야 적장자 왕위 계승이 가능했던 문종 아닙니까. 스스로도 그게 얼마나 중요하고 어려운 일인지 잘 알았을 텐데, 아무리 여자를 좋아하지 않았다고 하더라도 뭔가 사명감으로라도 노력해야 하지 않았을까요?

신병주   그래서 당시로서는 늦은 나이인 스물여덟에 단종을 낳는 데 성공하셨죠.

그날   문종이 아들을 늦게 낳은 이유라도 있을까요?

신병주   아들 낳으려면 일단 혼인을 해야 되잖아요. 혼인 생활이 순탄하지 않았습니다.

---

† "전일에 대군 및 정부의 풍수학 제조가 함께 수릉(壽陵)을 살필 때에, 서운 부정 최양선이 수릉의 혈 자리가 임방(壬方) 자리인 것을 감방(坎方) 자리라 하고, 또 허망하게 이르기를, '곤방 물이 새 입처럼 갈라졌다' 하여 그 해로움을 논하기를 '손이 끊어지고 맏아들을 잃는다(絶嗣損長子)' 하여……."
— 『세종실록』 25년 2월 2일

완벽한 왕세자의 치명적 오점,

세자빈 수난사

1429년 7월 20일,
세종은 대국민 담화를 발표한다.
책봉된 지 2년 만에 세자빈을 폐한다는 내용이었다.

세자빈이 요망하고 사특하여
왕궁 안에 용납할 수 없는 바이니
폐출시켜야 할 것이다.
— 『세종실록』 11년 7월 20일

완벽한 왕세자로 세종의 마음을 흡족하게 했던 세자,
그의 단 한 가지 약점은 바로 세자빈이었다.

세자의 관심을 받지 못한 세자빈을 두고
궁에서는 흉흉한 소문마저 돌았다.

세자는 끝내 마음을 잡지 못했고
두 사람은 결국 파국을 맞는다.

세자와 세자빈, 두 사람 사이에는
과연 무슨 일이 있었던 걸까?

세 번 결혼한 남자, 문종

그날　며느리를 내보내기 위해 대국민 담화를 발표했다고 합니다. 당시에도 담화문 같은 게 있었어요?

신병주　담화문이라고 안 하고 왕의 교서 또는 교지라고 합니다. 이때 세종이 교지를 내렸다는 건 그만큼 사안이 심각했음을 나타내는 거죠.

그날　정말 무엇 하나 나무랄 데 없는 문종의 단 한 가지 약점이라면 부인과 잘 지내지 못했다는 거, 세 번 결혼했다는 거잖아요. 누구누구와 결혼을 한 거예요?

신명호　정식으로 혼인한 건 세 번인데 십 대에 두 번 하죠. 열네 살 때 처음 혼인하고, 열여섯 살에 재혼했는데, 두 번째 부인도 아버지가 못된 며느리라고 내쫓아서 세 번째로 당시 후궁으로 있던 권씨와 스물세 살 때 정식으로 결혼했습니다. 그래서 총 세 번 결혼했죠.

신병주　결혼에 관해서만은 문종도 나름대로 주관이 뚜렷했던 것 같아요. 첫 번째 세자빈이었던 휘빈 김씨는 거의 아버지 세종의 의도대로 간택이 되었는데, '용모가 좀 미흡했다'는 기록이 나오는 걸로 봐서는 문종의 성에 차지 않았던 거 같아요.

그날　사관이 봤을 때 객관적으로 못생겨서 그렇게 적은 걸까요? 어쨌든 이건 용모 자체의 문제라기보다는 아무리 부모님이 점지해 주신 짝이라고 하더라도 결국 내 마음을 움직이지 않으면 받아들이지 않는다, 이런 거죠. 문종도 본능에 충실한 남자였네요.

신명호　처음 세자빈을 간택할 때 세종이 '얼굴을 볼 거냐, 머리를 볼 거냐, 아니면 착한 마음을 볼 거냐?' 고민을 했을 텐데, 얼굴보다는 역시 인품을 본 것 같습니다. 외모와 상관없이 착하고 수더분한 여자를 골랐겠죠. 근데 이게 문종의 스타일이 아니었던 것 같습니다.

그날　문종은 대체 어떤 스타일을 좋아했기에 그랬을까요? 아무리 효자라고 해도 결혼만큼은 어떻게 안 되는 거네요.

첫 번째 세자빈 휘빈 김씨가 폐출된 이유

그날   근데 세자빈이 어떤 잘못을 했기에 폐출까지?

신명호   실록을 보면 문종이 어릴 때 좋아했던 여성이 있는데요. 효동하고 덕금이라는 여자예요. 이름에 효(孝) 자하고 덕(德) 자가 들어가는 걸 보면 아마 예쁘면서도 지성과 품성을 두루 갖춘 여자가 아니었을까 싶어요. 아무튼 문종은 아버지가 짝을 지어 줬으니 마지못해 부부 생활을 하지만 마음은 효동과 덕금이에게 줬다는 거예요. 세자빈은 당연히 질투가 나겠죠. 그래서 문종의 마음을 자기한테 돌려 보려고 희한한 비술 같은 걸 써요. 세자빈이 '다른 여자한테 간 사랑을 나한테 옮겨 오려면 어떻게 해야 하느냐?' 하고 물으니까 '그 여자가 신는 신발을 몰래 훔쳐다가 태우고, 그 재를 술에 타서 남자에게 먹이면 그 남자가 당신을 좋아할 거다' 이랬다는 거예요. 첫 번째 세자빈인 휘빈 김씨가 그 이야기를 듣고 효동하고 덕금이 신발을 가져다가 태워서 술에 타서 문종에게 주려다가 들켰어요. 여기 나온 또 다른 비책이 재밌는데, 뱀이 교접하면서 흘린 액체를 헝겊에 묻혀서 갖고 있으면 남자 마음을 사로잡을 수 있다고 했대요.[†]

그날   방법들이 굉장히 구체적인데요. 좀 묘하기는 해도 못 구할 것도 아니잖아요.

신병주   휘빈 김씨도 쉬운 방법을 선택한 거죠. 효동하고 덕금이 신발은 몰래 훔쳐 올 수 있잖아요. 그걸 몰래 가지고 있다가 태워서 문종한테 먹이려고 했는데 미수에 그치죠. 제가 봤을 때는 문종이 그걸 먹었다고 해도 사랑이 생기진 않고 그냥 암 걸릴 것 같아요.

그날   신발 태운 물은 건강에 정말 안 좋을 것 같네요. 원래 문종은 여색을 멀리했다고 적혀 있었는데 전혀 아니네요. 그냥 세자빈이 싫었던 거예요.

비밀리에 행한 주술이 왜 발각됐을까?

그날　어쨌거나 그런 주술은 아무도 모르게 굉장히 조심스럽게 했을 텐데, 어떤 식으로 발각되는 건가요?

신명호　세종의 부인 소헌왕후 심씨가 세자궁에 자기 측근 상궁을 보내요. 일종의 스파이인 거죠. 그래서 궁중 여성들이 그 안에서 어떻게 생활하는지를 낱낱이 압니다. 모든 정보가 그 상궁을 통해서 소헌왕후에게 가고, 소헌왕후는 그걸 또 세종에게 얘기하니까 세종도 그런 일들을 다 아는 거죠.

그날　예나 지금이나 시어머니는 참 대단한 것 같아요.

신명호　세종이 큰며느리에게 기대를 많이 했을 거예요. 근데 그때 며느리 나이가 겨우 열여섯 살이에요. 어린 것이 이렇게 요망한 짓을 하는데, 나중에 나이가 더 들고 왕비가 됐을 때는 무슨 짓을 할까 싶어서 바로 쫓아 보내고 두 번째 며느리를 들이죠.

최초의 세자빈 폐출 사건

그날　세자빈을 폐출한다는 게 역사에 있던 일인가요?

신병주　태조의 막내아들인 이방석의 첫 세자빈인 유씨가 폐출됩니다. 첫 번째 사례죠.

그날　거기는 무슨 이유로?

신병주　기록을 종합해 보면 내관하고 스캔들 같은 게 있었던 것 같아요. 결국 내관은 참형을 당하고 세자빈은 쫓겨났습니다.†

그날　내관하고 정을 통할 수 있나요? 의리를 나누는 게 아니라?

신명호　조선 시대 내관은 원래 성 불구자지요. 원래는 그런데 궁에 들어가서 성 기능이 살아나는 사례가 가끔씩 있답니다.

> † 내시 이만을 목 베고, 세자의 현빈 유씨를 내쫓았다.
> ──『태조실록』 2년 6월 19일
>
> 대간과 형조에서 상언하였다. "가만히 보건대 내시 이만이 참형을 당하고, 현빈 유씨가 내쫓겨 사저로 돌아갔으나, 나라 사람들이 그 이유를 알지 못하여 의심하고 두려워함이 그치지 않습니다. 원하옵건대, 전하께서 좌우의 친근한 사람을 법사(法司)에 내려 국문해서 나라 사람들의 의심을 없애게 하소서."
> ──『태조실록』 2년 6월 21일
>
> "궁중의 내시와 빈을 내쫓아 처벌하는 것은 내 집안의 사삿일이므로 외인(外人)이 알 바가 아닌데, 지금 대간과 형조에서 이 일을 함부로 논하게 되매, 반드시 외인이 망령되게 스스로 의심을 내어 전해서 서로 모여서 의논하게 될 것이니, 다만 이 무리들의 뜻만이 아닐 것이다. 지금 이 무리들을 옥에 가두어 국문하고자 한다."
> ──『태조실록』 2년 6월 22일

두 번째 세자빈은 어떤 인물?

그날　첫 번째 부인과는 잘 안 됐어요. 그럼 두 번째 부인은 더 심혈을 기울여서 골랐을 텐데, 두 번째 세자빈은 어떤 인물이었나요?

신병주　실록에 엄청난 사고를 일으킨 인물인 순빈 봉씨가 세자빈으로 간택되어 들어옵니다. 이때 재미난 것은 세종이 휘빈 김씨가 용모 쪽으로는 좀 부족하다고 여기셨는지 간택에 용모도 고려해야 된다는 의사를 표해요.

그날 　같은 남자로서 문종의 마음을 이해하신 거네요.

신병주 　이때 세종이 신하들에게 '규수들을 한꺼번에 모아 놓고 간택을 하자' 그러니까 허조 같은 신하들이 '그렇게 되면 덕이나 인품보다 외모에 치우칠 수밖에 없다' 이런 식으로 반대 의견을 내요. 그러니까 또 세종이 '덕이 있는지 없는지 잠깐 사이에 어떻게 확인할 수 있냐, 전체적인 인상 같은 거를 봐야 되지 않느냐?' 이런 식으로 결국 의견을 관철해요.† 그렇게 뽑힌 세자빈이 순빈 봉씨죠.

> † "이제 동궁을 위하여 배필을 간택할 때에는 마땅히 처녀를 잘 뽑아야 하겠다. 세계(世系)와 부덕(婦德)은 본래부터 중요하나, 혹시 인물이 아름답지 않다면 또한 불가할 것이다."
> ─『세종실록』 11년 8월 4일
>
> "잠깐 본 나머지 어찌 곧 그 덕(德)을 알 수 있으리오. 이미 덕으로서 뽑을 수 없다면 또한 용모로서 뽑지 않을 수 있겠는가."
> ─『세종실록』 11년 8월 4일

오직 조선에만 있었던 왕비 오디션

그날 　외모까지 보는 최초의 세자빈 선발 대회인 거네요. 왕비 간택은 조선 특유의 제도인가요?

신명호 　우리나라나 중국, 일본도 마찬가지인데, 예전에 귀족이나 왕족 사이에서는 혼인한다고 하면 기본이 중매죠. 간택은 조선에서 처음 나타난 거예요. 조선 건국하고 얼마 안 됐을 때, 중매하다 보면 왕실에서도 퇴짜를 맞을 수가 있잖아요. 일례로 태종 때 사위를 보려고 중매를 보냈는데, 저쪽 집안에서 싫다고 그랬대요.† 그러니 태종이 화가 나서 '앞으로는 전국에 있는 처녀들을 다 불러다 놓고 간택하겠다' 그런 거죠. 왕권 확립 차원에서 간택 제도를 시행한 것 같아요. 어쨌거나 처음 간택된 세자빈이 휘빈 김씨였죠. 조선에만 있었던 이 간택 제도는 조선이 망할 때까지 시행됐습니다.

신병주 간택은 공모 절차를 거치는 거예요. 결혼 적령기에 있는 처녀들에게 소를 올리게 해서 서류 심사를 거쳐 1차에서 여섯 명, 2차에서 세 명, 3차에서 최종 한 명, 요즘 오디션처럼 그렇게 철저하게 합니다.

> † "이속(李續)에게 아들이 있으므로 내가 궁인(宮人)의 소생을 출가시키고자 하여 사람을 시켜 그 생갑(生甲, 생년월일시)을 물으니, 이속이 말하기를 '내 아들은 이미 죽었다. 만일 권궁주의 소생이라면 내 자식이 살아날 수 있다' 하고, 생갑을 써서 바치지 않았으니, 이것이 무슨 마음보인가? 한 쪽은 비록 천하지마는 한 쪽은 인군(人君)인데, 이속이 왕실과 관계하지 않으려고 하는 마음은 무엇인가? 그러므로 사헌부에 명하여 추문한 것이다. 여러 경들이 대답하기를, '크게 불충하다' 하니, 남의 신하가 되어서 이러한 자가 있으리라고는 생각지 못하였다."
> — 『태종실록』 17년 9월 2일

엽기적인 그녀, 순빈 봉씨

그날 그렇다면 어느 정도 검증된 세자빈이었을 텐데, 뭐가 또 문제여서 퇴출까지 되나요?

신병주 일단 술을 너무 좋아해요. 기록을 보면 항상 방에 술병을 두고 있었답니다. 또 취하기도 잘 취해요. 그러고는 싸움을 합니다. 만만한 사람이 궁녀니까 궁녀들을 막 때리죠. 궁녀 보고 '나 좀 업고 한 바퀴 돌아라' 이러기도 하고요. 또 세자의 사랑을 얻는답시고 시녀들에게 노래를 지어서 부르게 했다는 거예요.

그날 요즘으로 치면 엽기적인 그녀처럼 사랑스러운 이미지인데, 그 시대에는 안 맞았겠네요. 또 문종 하고는 정말 너무 안 맞았던 게 아까 문종 생활기록부에서 노래하는 걸 싫어한다고 했잖아요. 그런데 부인은 노래를 좋아하고, 완전히 상극이었겠네요.

기가 셌던 조선왕조 초기 여성들

그날   어쨌든 조선 전기에는 확실히 여성분들의 기가 굉장히 세지 않았나, 이런 생각이 들어요. 태종비 원경왕후 같은 경우도 여장부 스타일이었고요.

신병주   전체적으로 보면 전기 왕비들이 기가 세죠. 그래서 태조비 신덕왕후 강씨나 태종비 원경왕후 민씨도 그렇고, 세조비 정희왕후 윤씨 같은 경우도 계유정난 때 세조가 좀 주저하니까 갑옷 입혀 떠밀었죠. 그런데 왕실에서 점점 여성들에게 조신한 여성상을 강요하기 시작해요. 그런 기준에서 본다면 순빈 봉씨는 골칫거리 며느리였던 거죠.

신명호   크게 보면 문명사적인 전환 과정이라고 할 수 있어요. 아시다시피 고려시대까지는 여권이 아주 높았어요. 재산권에 상속권, 봉제사권까지, 권한이 아주 강합니다. 조선 초기에도 그런 분위기가 남아 있었어요. 세종은 그런 불교식 여권 사회를 유교식 삼종지도 사회로 바꾸려고 솔선수범했던 겁니다.

신병주   세종도 처음에는 순빈 봉씨에게 열녀전 같은 걸 읽혀서 유교적 기준에 맞는 며느리로 키워보려고 했는데, 그게 잘 안 됐어요. 이분 캐릭터에서 볼 수 있듯이 책 주면 공부 안 하고 집어 던지고 이런 식이었으니까요. 그러다 보니까 세종도 화가 나죠. 어차피 가르쳐도 듣지도 않고, 저런 성격에 괜히 글을 알게 되면 어설프게 정치에 관여하겠다 싶어서 앞으로 왕비들은 글을 읽지 못하게 하라는 조치를 취해요.

그날   그럼 봉씨가 여권 신장에 굉장한 악영향을 끼친 거네요. 세종대왕이 관비에게 출산휴가도 줄 정도로 여성의 권리 신장에 굉장히 애를 썼다고 들었는데 이런 면이 또 있었네요. 훈민정음 창제도 어리석은 백성을 위한 건데 말이죠. 오히려 누구한테는 '책을 읽지 마라. 글을 읽지 마라' 그랬다는 게 참 의외예요.

신병주   어리석은 백성들에게는 혜택을 베푸는데 성격 강하고 술주정 심한 사람은 그 대상이 아니라는 거죠.

신명호   그 말씀 들으니까 저는 순빈 봉씨를 위해 변명을 좀 해야 될 것 같은데, 열녀전 내용이란 게 철저하게 삼종지도²입니다. 고려 말까지만 해도 여성들이 상당한 자유와 권리를 누렸어요. 자유분방한 성품을 지닌 순빈 봉씨 입장에서는 '이렇게 사느니 차라리 안 산다' 그랬겠지요. 그렇게 보면 봉씨가 무슨 여권 투사 같기도 한데, 시대 변화가 그런 걸 용납하지 못한 거죠.

순빈 봉씨의 폐출 원인, 동성애

그날   봉씨의 폐출 원인이 굉장히 의외예요. 동성애라면서요?

신명호   시어머니가 감시망을 동원해서 자기 일거수일투족을 다 보고 있어요. 세종도 무서운 시아버지예요. 세자빈의 입장에서는 조심해야 하는데 답답하지요. 그걸 풀 수 있는 유일한 길은 남편의 사랑인데 남편이 자기를 좋아하지 않는 겁니다. 그럴 때 세자빈이 답답한 속을 풀어 놓을 수 있는 사람은 둘뿐입니다. 입궐할 때 데리고 들어간 유모하고 시녀. 그들을 본방나인이라고 하는데, 그 사람들한테 하소연도 하고, 이런저런 이야기를 해요. 그러다가 나중에는 본방나인들을 밤낮으로 자기 옆에 있게 해요. 거의 집착에 가까웠죠. 근데 이게 동성애라는 거죠. 고려 말에는 원나라 풍습 때문에 성에 대해서 매우 자유분방했거든요.

그날   아, 그런 일들이 빈번히 있었던 건가요?

신명호   그렇죠. 조선 건국하면서 왕은 바뀌었지만 고려 말 궁중 시녀들이나 환관들은 그대로 조선 왕실로 이어지니까요. 고려 말의 자유로운 분위기가 조선 초에 그대로 있죠. 그걸 바꾸려는 분이 세종인데 궁녀도 아니고 장차 왕비가 될 세자빈이 동성애를 했다, 이건 있을 수 없는 일이죠. 그래서 바로 쫓아냅니다.

그날　동성애에 대한 처벌 수위가 어떻게 됐나요?

신명호　곤장을 50대, 70대씩 칩니다. 실록에는 세종이 동성애를 엄하게 처벌하는 분위기를 만들어서 궁녀들의 동성애 풍습이 많이 없어졌다는 이야기도 있어요.† 그런데 자기 며느리가 바로 그 짓을 한 겁니다.

그날　어떻게 보면 왕실의 치부일 수도 있는데 그에 대한 기록이 이토록 소상하다는 건 정말 놀라운 일이네요.

신명호　세종의 개성이라고 할까요? 사관이 별별 이야기를 다 기록해도 봐주는 분위기가 있었거든요. 사실 이런 일 때문에 며느리를 쫓아낼 수밖에 없다, 그렇게 내막을 이야기해 주고 대외적으로는 칠거지악을 폐출의 이유로 들었는데, 사관이 그 과정을 전부 기록해서 실록에 남긴 거죠. 있는 그대로 역사를 기록하는 사관의 권리를 인정해 준 것도 세종의 위대한 면이라고 할 수 있죠.

그날　조선 왕실사에서 희대의 스캔들로 꼽는 게 바로 이 사건이잖아요. 하지만 문종이 남편으로서 좀 더 잘했다면 두 사람이 이렇게까지 어긋나지 않았을 것 같아요. '세자빈에게 마음을 열지 않았다' 이렇게 남녀 문제로 볼 게 아니라 왕위를 계승할 후계자를 세우는 문제잖아요. 그렇게 보면 문종이 되게 이기적이라는 생각이 들어요. 그런데 또 한편으로는 인간적으로 이해도 되는 게 우리 세자의 하루 일정 봤잖아요. 일정이 워낙 빡빡해서 자기 몸 하나 돌보기도 쉽지 않았을 거예요. 자기가 정말 좋아하는 사람 챙기기도 쉽지 않았을 텐데 의무감 때문에 맘에도 안 드는 부인에게 잘하기는 어려웠을 것 같기도 하네요.

† '지난해 동짓날에 빈께서 저를 불러 내전으로 들어오게 하셨는데, 다른 여종들은 모두 지게문 밖에 있었습니다. 저에게 같이 자기를 요구하므로 저는 이를 사양했으나, 빈께서 옥박지르므로 마지못하여 옷을 한 반쯤 벗고 병풍 속에 들어갔더니, 빈께서 저의 나머지 옷을 다 빼앗고 강제로 들어와 눕게 하여, 남자의 교합하는 형상과 같이 서로 희롱하였습니다' 하였다.

— 『세종실록』 18년 10월 26일

내가 항상 듣건대, 시녀와 종비(從婢) 등이 사사로이 서로 좋아하여 동침하고 자리를 같이 한다고 하므로, 이를 매우 미워하여 궁중에 금령을 엄하게 세워서, 범하는 사람이 있으면 이를 살피는 여관이 아뢰어 곤장 70대를 집행하게 하였고, 그래도 능히 금지하지 못하면 혹시 곤장 1백 대를 더 집행하기도 하였다. 그런 후에야 그 풍습이 조금 그쳐지게 되었다.

— 『세종실록』 18년 10월 26일

단종의 어머니, 현덕왕후 권씨

그날   두 번의 파경을 맞고 마지막 세자빈과 낳은 게 단종이잖아요. 세자빈이 된 현덕왕후³ 권씨는 어떤 사람이었나요?

신병주   문종이 연이어 결혼에 실패하니까 왕실에서도 '이제 검증된 사람이 필요하구나' 하고 생각을 하는 거예요. 성격도 좋고, 신발도 안 태우고, 술도 덜 마시는 그런 사람을 뽑은 게 바로 세자빈 권씨였죠. 이때도 빠뜨린 게 있었어요. 건강진단서 제출을 요구했어야 해요. 권씨가 워낙 몸이 약한 사람이라 단종 낳고 바로 사망하거든요.

그날   역사의 흐름이 바뀌는 순간에는 꼭 여성이 등장하는 것 같아요. 이 경우에는 문종이 부인을 잃음으로써 아들 단종이 가장 든든한 지원 세력을 잃은 건데, 형제인 수양대군만 해도 아내가 계유정난 때 갑옷 입혀 주잖아요. 이 형제의 갈림길은 부인인 것 같아요.

신명호   그런 면에서 문종은 아내복이 없었다고 볼 수 있습니다.

신병주   내조를 전혀 받지 못했죠. 세자 시절에는 내조는커녕 오히려 마이너스 요인이 됐죠.

세종의 아들 사랑, 세자 섭정

그날　　1442년, 세종이 돌연 스물아홉 살 세자에게 나라를 다스리게 할
　　　　뜻을 밝힙니다. 갑작스런 결정이었던 만큼 대신들의 반발이 만
　　　　만치 않았다고 하는데요. 세자에게 섭정⁴을 시킨다는 게 조선 왕
　　　　실에서는 일반적인 일이었나요?

신명호　일반적인 일은 아니죠. 세자는 공부하는 사람이잖아요. 교육 차원
　　　　에서 국정 경험을 쌓게 하는 것 정도는 가능하겠지만 섭정을 시키
　　　　는 경우는 별로 없어요. 대부분이 위기 상황에서 아들을 정치적
　　　　으로 이용하는 거예요. 그래서 조선 후기에 대리청정 했던 세자들
　　　　은 대부분 끝이 좋지 않죠. 사도세자도 그렇고, 효명세자⁵도 그렇
　　　　고요. 뭔가 비극적인데, 이때는 그런 상황은 아니었던 것 같아요.

신병주　세종은 문종이 준비된 왕이 되게끔 여러 가지 제도를 만들었어
　　　　요. 대표적으로 지금 경복궁에 자선당⁶이라는 건물이 있는데 이
　　　　게 세자 동궁이에요. 세종 때 처음으로 세자궁을 만들어요. 세
　　　　자 직속 비서실로 첨사원⁷이라는 기관도 두고요. 왕의 비서실이
　　　　승정원이잖아요. 승정원과 거의 같은 기능을 하게 하죠. 또 원래
　　　　왕만 남면(南面)할 수 있어요. 남면이란 게 남쪽을 바라 본다는
　　　　건데, 세종은 문종에게도 남면을 하도록 해요. 또 왕에게만 사배
　　　　(四拜)를 하는데, 문종에게 힘을 실어주기 위해서 세자에게도 사
　　　　배, 즉 네 번 절하게 했습니다. 이런 게 다 세자의 권위를 높이기
　　　　위한 조처였죠.

그날　　흔히 문종의 재위 기간이 2년 3개월밖에 안 된다고 알고 있지만
　　　　실제로 정치는 훨씬 오랫동안 한 거네요. 실권을 가진 정치인으
　　　　로서 말이죠.

신병주　실록에는 섭정이라고 기록되어 있고 후대 표현으로 하면 대리청
　　　　정인데, 문종의 대리청정 기간이 상당히 오래됐고, 그 기간 중에

세종 후반기를 대표하는 업적들, 예를 들어 측우기 발명이나 역사서 편찬, 이런 부분에서는 문종의 역할이 상당했습니다. 그런데 그게 전부 세종의 업적으로 정리돼 있기 때문에 문종의 업적이 가려진 부분도 분명히 있습니다.

세종에 가려진 문종의 업적

최원정 그래서 준비했습니다. 가려진 문종의 업적 찾기. 흔히 세종의 업적이라고 알려진 것 아홉 가지를 보여 드릴 텐데요. 훈민정음 창제, 천체 관측, 해시계, 물시계, 측우기, 군사 제도 개편, 화약 무기 개발, 『농사직설』, 4군 6진 설치 및 북방 정비, 이 아홉 가지 가운데 세 가지가 세종의 업적이고, 나머지 여섯 가지는 문종의 업적입니다. 문종의 업적이 아닌 것 세 가지 찾아볼까요?

이해영 물시계, 해시계, 『농사직설』이요.

최원정 네, 맞습니다.

류근 4군 6진 같은 경우에는 세종의 업적이라고 생각하기 쉬울 것 같은데, 좀 뜻밖이에요. 문종이랑 화약 무기 개발, 군사 제도 개편은 사실 좀 안 어울리잖아요.

신병주 자료에도 나오지만 측우기 같은 건 과학이죠. 그리고 4군 6진 설치나 군사 제도 개편, 화약 무기 개발, 이런 건 국방하고 관련되고 자료에는 소개가 안 됐지만 문종의 업적으로 『고려사』, 『고려사절요』의 편찬이 있어요. 이건 역사란 말이죠. 그러니까 문종은 세종 대 가장 중요한 역점 사업이 국방, 과학, 역사임을 인식하고 이 분야에서 아주 혁혁한 성과를 냈다. 그리고 이것이 결국 세종 대 성과의 마침표를 찍는 데 핵심적인 역할을 했다, 이렇게 볼 수 있습니다.

문종 화차(신기전)

조선의 비밀 병기, 문종 화차

그날　　문종의 연약한 이미지를 확 깨 주실 분이 오늘 만물각에 나오셨
　　　　습니다. 지금 옆에 가져오신 게 문종 화차라는 건가요?

채연석　그렇습니다. 우리나라에 독창적인 화약 무기는 대부분 세종 말
　　　　기에 세자인 문종에 의해 완성됐다고 볼 수 있고요. 문종 즉위
　　　　후 세종 때 개발한 여러 가지 우수한 화약 무기들을 집대성한 것
　　　　이 이 화차다, 이렇게 설명드릴 수 있습니다.

그날　　교수님께서 직접 복원하신 거라면서요.

채연석　네 그렇습니다. 복원이 가능했던 건 1474년에 편찬된『국조오례
　　　　서례』라는 책에 문종 화차의 제작 자료가 자세하게 나와 있기 때
　　　　문입니다. 그 자료가 어느 정도로 자세하냐면 각각의 치수를 나
　　　　타낼 때 설계도에 척, 촌, 푼, 리라는 단위까지 사용했어요. 그중
　　　　에서 리는 0.3밀리미터에 해당합니다. 그만큼 정밀한 단위까지
　　　　사용해서 거의 완벽한 설계 자료를 남겼기 때문에 문종 화차의

복원이 가능했습니다.

그날 　화차라고 해서 저는 대포같이 생겼을 줄 알았는데 약간 생소하게 생겼어요. 작동 원리가 어떻게 되나요?

채연석 　앞부분에 종이로 만든 통이 있는데 여기에 화약을 집어넣습니다. 그 종이 통 앞부분에 소바라통이라는 작은 폭탄이 달려 있습니다. 이 종이 통 화약의 추진력을 이용해서 로켓처럼 목표를 향해 날아가고, 목표물에 도착한 다음에 앞부분에 있는 폭탄이 폭발하게 돼 있죠.

그날 　당시 다른 나라에도 이런 무기가 있었습니까?

채연석 　외국에도 이런 무기가 있었을 것 같지만 실제 유물도 없고, 설계도면도 거의 남아있지 않기 때문에 직접 비교하기는 어렵습니다. 간접 유물로 비교해 보면 우리 것처럼 정밀하게 구성된 것 같지는 않습니다.

그날 　시기적으로도 상당히 선구적이고 선진적인 무기인데, 문종 화차가 실제 전쟁에서 쓰인 적이 있었나요?

채연석 　문종의 업적 가운데 4군 6진 이야기를 하셨는데, 4군 6진 지역에만 거의 190대 정도의 화차를 제작하게 합니다. 여진족을 격퇴하는 데 화차가 효과가 좋으니 많이 만들어서 사용하라는 기록도 있고요. 임진왜란 때에도 전국적으로 많이 사용되었다고 합니다.

그날 　굉장히 의외죠. 대개 병약한 이미지로 알고 있는 분이 어떻게 이런 대단한 무기를 만들어냈을까? 요즘으로 따지면 다연장로켓포예요. 첨단 무기입니다. 이런 걸 두고 숭문중무(崇文重武)라고 하죠. 문만 숭상하는 것이 아니고 무도 중시한다. 참 많은 가능성을 보여 준 문종인데, 안타깝게 2년 3개월 만에 눈을 감습니다. 평온했던 왕실이 다시 한 번 큰 혼란에 빠져들게 됩니다.

원칙주의자의 비극:

문종의 죽음

1452년 음력 5월,
궁에는 죽음의 기운이 드리운다.

왕위에 오른 지 2년 3개월,
문종은 갑자기 생을 마감한다.

세자 나이 열두 살,
개국 60년 만에 조선 왕실은
권력 공백 사태를 맞는다.

김종서 대 수양대군으로
나뉜 궁은 곧 긴장감에 휩싸인다.

문종의 죽음을 둘러싼 의혹

그날   왕실 입장에서뿐 아니라 조선이라는 나라 전체로도 참 안타까운 죽음이에요. 『문종실록』에 보면 '문종이 죽었을 때 신민의 슬퍼함이 세종의 상사보다 더 하였다'는 기록이 있다고 해요. 비록 재위 기간은 짧았지만 백성들에게 좋은 왕이었기 때문에 이런 기록이 남지 않았을까 싶네요.

신병주   문종을 당시 백성들에게도 아버지 세종을 빼닮은 성군이라는 이미지가 분명했어요. 거기에 어린 단종을 두고 돌아가신 안타까움이 더해져서 그런 기록이 나온 것 같습니다.

그날   문종의 사인이 종기였죠. 정조도 그렇고 문종도 그렇고 조선 왕들 중에는 종기로 세상을 뜬 경우가 왜 이렇게 많죠? 특히 아까운 분들이 그러네요.

신병주   종기라는 게 과로, 피로 이런 거 때문에 면역력이 떨어지면 생기는 거거든요. 조선 시대 왕의 시간표 보면 아실 테지만 어떤 면에서 종기는 왕의 직업병 같은 거라고 볼 수 있을 것 같아요.

그날   문종이 너무 어이없게 돌아가시니까 독살설 같은 게 나오잖아요. '설마 종기로 죽었겠어? 누가 독살 했겠지!' 이런 식으로요. 야사에서 그런 내용을 봤어요. 보통 왕이 죽으면 어의가 상당한 처벌을 받고 문제가 되는데 문종이 죽었을 때는 어의 전순의[8]에 대한 처벌이 흐지부지되고, 심지어 세조가 즉위했을 때 좌익공신으로 출세까지 했다고요. 뭔가 음모가 있을 것 같다는 생각이 들어요.

신병주   마지막에 같이 있는 사람이 어의니까 그가 왕의 죽음에 어느 정도 개입하지 않았나 생각할 수 있죠. 또 당시 문종의 가장 강력한 라이벌이 수양대군이니까 거기서 사주했다고 하면 말이 됩니다. 하지만 이 정도로 독살이 흔하면 조선왕조 장수 못해요. 500년이나 지속된 왕조에서 걸핏하면 왕이 독살 당한다는 게 말이 됩니까? 여러 가지 정황을 보면 문종이 계속된 과로 때문에 면역력이 떨어져 있었던 것 같아요. 특히 문종을 힘들게 한 건 연이은 상사(喪事)예요. 어머니 소헌왕후 심씨가 1446년에 돌아가시고, 삼년상 겨우 마치고 체력을 좀 회복할 즈음해서 아버지 세종이 돌아가셨죠. 특히 문종은 유교적 원칙에 충실한 사람이라 최선을 다해서 상사를 치렀죠. 장례도 곡도 정말 최선을 다해서 한 거예요. 이런 것이 체력을 고갈시킨 측면이 분명히 있다고 봐요.

지극한 효심, 문종을 죽음으로 내몰다

그날 근데 삼년상⁹을 대체 어떻게 치르면 사람이 죽을 정도가 되나요? 조선 시대에는 원래 다들 하는 거니까 이렇게 따지면 상 치른 사람 다 죽어야 하는 거 아닌가요?

신명호 유교에서는 부모가 돌아가시면 병 때문이건 뭐건 전부 자기가 잘못해서 돌아가셨다고 생각합니다. 죄인이라고 하죠. 문종은 백성들에게 시범을 보이기 위해서 아버지 세종이 돌아가셨을 때 아예 식음을 전폐하셨습니다. 단식하신 거죠. 그런데 하필 세종이 겨울에 돌아가셨어요. 추운데 밖에 나가서 밤낮으로 곡을 하고, 또 거기서 여막을 짓고 삽니다. 사실 아버지 돌아가시기 직전에 어머니 상을 치르면서 몸이 좀 안 좋아지셨어요. 그런데 아버지까지 돌아가셔서 몇 달 동안 추운 밖에서 단식까지 하셨으니 상황이 급속도로 악화된 거죠.

신병주 그래서 신하들도 몸도 약해지셨는데 너무 예법에만 충실하지 마시고 조금이라도 쉬고 뭐라도 좀 먹으라고 이야기 합니다. 손님 오면 또 가서 곡해야하니까.

그날 왕도 손님이 오면 곡을 해요?

신병주   신하들이 찾아오면 같이 곡해야죠. 그런 상황에서 문종은 조금
　　　　도 요령을 부리지 않아요. 원칙대로 하겠다는 거죠.

그날   그런 걸 이효상효(以孝傷孝)[10]라고 해요. 효자가 돌아가신 부모
　　　　를 너무 그리다가 병을 얻거나 죽는 경우를 말하는데, 효성을 다
　　　　하는 것도 중요하지만 문종은 일국의 왕이잖아요. 자기 몸을 잘
　　　　돌봐서 국정을 안정시키는 것이 왕으로서 훨씬 중요한 업무인
　　　　데, 어찌 보면 직무유기라고 생각되지 않습니까?

신병주   당시 최고 가치 가운데 하나는 효였고, 효를 실천하는 데 있어서
　　　　가장 중요한 일이 바로 부모님 상사를 어떻게 치르느냐 하는 거
　　　　든요. 그때 문종은 그게 최선이라고 생각하신 거죠.

신명호   그래서 문종 사후에 '묘호를 어떻게 할까?' 고민할 적에 가장 유력
　　　　한 후보가 효종이었습니다. 효를 행하다 돌아가셨다는 의미죠.

신병주   묘호[11]라는 건 왕이 돌아가신 후에 신하들과 다음 왕이 논의해
　　　　서 돌아가신 분을 표현하는 하나의 단어를 고르는 거잖아요. 그
　　　　러다 보니 좋은 단어를 많이 쓰죠. 바를 정(正), 뛰어날 영(英), 효
　　　　성스러울 효(孝), 문종은 문(文) 쪽으로 아주 뛰어난 자질을 보이
　　　　셨다는 의미죠. 그런데 결과적으로 이분들은 자기 묘호가 뭐가
　　　　될지 몰라요. 세종도 그렇고 문종도 그렇고, 자기가 문종이 될지
　　　　단종이 될지 모르죠. 실제 조선 왕 가운데 자기 이름 알고 돌아
　　　　가신 분은 광해군, 연산군 두 분밖에 없어요.

그날   성리학적 군주로서는 백성들에게 모범을 보이다 돌아가신 건데,
　　　　사실 후대를 잇는 게 왕으로서 굉장히 중요한 일임에도 불구하
　　　　고 아들 하나만 남기고 가셨어요. 그것도 아주 어린 나이에 말예
　　　　요. 물론 신하들에게 아들의 안위를 신신당부하고 가셨겠죠?

신병주   그렇죠. 문종이 평소 집현전 학자들과 친분이 깊으니까 어느 날
　　　　은 집현전에서 토론하고 난 다음에 신숙주하고 박팽년 등을 불

렀대요. 어린 단종을 무릎에 앉히고 직접 신하들 손을 잡고 등까지 두드리면서, '당신들이 내 어린 아들을 잘 보필해야 한다. 꼭 부탁하겠다' 그랬다는 거죠.

문종은 정말 계유정난의 조짐을 눈치채지 못했을까?

그날   문종 당대에도 이미 수양대군과 안평대군 세력의 조짐이 수상하다는 언관들의 탄핵이 있었대요. 문종이 이런 조짐을 전혀 눈치채지 못했다는 게 정말 안타깝고, 또 의문이에요. 문종은 그걸 정말 몰랐을까요?

신병주   세종은 조선 초기 왕실의 기반을 잡으려면 능력 있는 여러 왕자들이 정치에 참여하는 게 옳다고 판단했던 것 같아요. 그래서 문종을 비롯해서 수양대군, 안평대군, 금성대군 할 것 없이 두루 능력을 보고 거기에 알맞은 역할을 부여했던 거죠.

그날   세종이나 문종은 태종처럼 손에 피를 묻혀 가며 권력을 쟁취한 게 아니라 평화적으로 왕위를 계승했기 때문에 자기 혈육들, 즉 형제나 자식들을 너무 믿은 게 아닌가 하는 생각이 드네요.

신명호   유교 윤리의 기본은 효도와 형제간의 우애이니 세종으로서는 그걸 실천하는 게 당연하다고 생각했겠죠. 세종 본인도 이를 실천하고자 노력하셨고, 자식들에게도 열심히 가르치려 했습니다. 문종께서 만약 태종과 같은 강한 정치관을 가지셨거나 권력의 속성을 제대로 알았다면 미리 동생들 힘을 빼놨을 가능성이 있죠.

류근   우리가 다 당하고 나서 하는 말이, '세상이 다 내 맘 같지 않아' 이거잖아요. 정말 이런 걸 보면 '권력 앞에서는 혈연도 무색해지는구나' 하는 생각이 들어요.

인간 문종은 어떤 사람?

최원정 아마 많은 분들이 문종이 조금 더 오래 사셨다면, 재위 기간이 길었으면 역사가 어떻게 바뀌었을까? 이런 상상들 많이 하실 것 같아요.

신명호 문종이 좀 더 오래 사셨다면 세종께서 이루고자 했던 유교 국가의 꿈이 더 빨리 완성됐을 겁니다. 오히려 유교 이념에 경도되어 원리 원칙에 집착하는 분위기가 좀 더 일찍 오지 않았을까 싶기도 해요.

최원정 오늘 그날의 소회는 인간 문종은 어떤 사람이었는지를 한마디로 정리하는 시간 가져보겠습니다.

이해영 문종은 부치지 못한 편지 같은 느낌이에요. 우리에게 알려진 모습보다 문종이라는 사람 안에 훨씬 더 많은 이야기들이 있겠구나, 끝내 하지 못한 말씀도 많겠구나, 하는 생각이 듭니다.

신명호 작은 효도가 있고 큰 효도가 있는데 너무 작은 원칙에 집착하셨던 게 아닌가 싶어요. 물론 작은 효도도 중요하지만 진정 큰 효자가 돼서 국가를 위해 많은 업적들을 남기셨으면 어땠을까, 이런 아쉬움이 남습니다.

신병주 우리 역사에 세종이라는 보름달이 있죠. 문종은 그 보름달이 서서히 기울어진 그믐달의 이미지로 연상됩니다. 그런데 사실은 문종이 세종과 보름달을 같이 만들었단 거죠. 29년간 세자 생활하면서 세종과 함께 보름달을 일궜던 분이 바로 문종이기 때문에 우리가 역사 속에서 그분을 꼭 기억해야 하지 않을까 싶어요.

2

하룻밤의
승부,
계유정난

　　계유정난은 두 차례의 왕자의 난과 함께 조선 전기를 대표하는 정치적 변란이다. 1453년 10월 10일 수양대군과 그 일파는 김종서와 안평대군 등을 무력으로 제거했다.

　　'난국을 편안하게 만들었다'는 '정난(靖難)'이라는 표현은 사건의 주체와 목적을 뒤바꾼 왜곡이라고 지적할 만하다. 문종이 짧은 재위 만에 붕어하고 12세의 단종이 즉위한 것은 분명히 적지 않은 정치적 공백이자 위기였지만, 난국이라고 부르기는 어려웠다. 세종과 문종의 부탁을 받은 황보인, 김종서를 비롯한 대신이 팽창한 권력을 갖고 조정에 널리 포진했지만, 그들에게는 왕위를 노릴만한 정치적 야심이 없었다고 판단되기 때문이다. 그 시기를 '난국'으로 규정하고 '안정'시키려고 나선 집단은 수양대군과 그 일파였다. 그들의 목적은 물론 왕위를 차지하는 것이었다.

　　계유정난의 주요 과정과 결과는 널리 알려져 있다. 『단종실록』에 따르면 사건의 발단은 1453년 9월 25일 수양대군의 측근인 권람의 노비, 계수의 고발이었다. 계수는 황보인의 노비와 함께 가죽 만드는 일을 했는데, 그에게서 황보인이 김종서 등 재상들과 결탁해 국왕을 폐위하고 안평대군을 옹립하려고 한다는 말을 들었다고 고변했다.

　　권람은 수양대군에게 "큰 계책을 빨리 결정하시라"고 재촉했다. 수양대군은 10월 10일 새벽 한명회, 권람 등을 불러 계획을 밝혔다. "오늘 거사할 것인데, 김종서가 가장 간사하고 교활하니 내가 역사 한두 명을 데리고 그 집에 가서 베면 나머지 도적은 평정할 필요도 없을 것이다."

　　계획은 거의 그대로 실행되었다. 날이 저물자 수양대군은 심복 양정과 노비 임어을운 등을 데리고 김종서의 집으로 갔다. 그가 "상의할 말이 있다"면서 김종서를 집 밖으로 유인하자 임어을운과 양정이 김종서와 그의 아들 김승규를 살해했다.

첫 목표를 이룬 수양대군은 즉시 경복궁으로 가서 입직 승지 최항에게 "도적의 우두머리 김종서 부자를 베어 없앴고, 그 나머지 무리도 지금 아뢰어 토벌하려고 한다"고 밝혔다. 수양 일파는 곧바로 주요 대신의 숙청에 착수했다. 그들은 대궐과 도성의 경계를 삼엄히 한 뒤 조극관, 황보인 등을 입궐시켜 궁궐 문 앞에서 살해했다.

하지만 상황은 완전히 종결되지 않았다. 김종서가 아직 죽지 않았기 때문이었다. 김종서는 안평대군에게 사태를 알리고 내금위를 불러 상황을 반전시키고자 했다. 그는 여장을 하고 둘째 아들 김승벽의 처가에 숨었지만 곧 사로잡혀 살해되었다. 수양대군 일파는 김종서를 비롯한 황보인, 이양, 조극관, 민신 등 주요 대신을 저자에 효수하고 안평대군을 강화도로 귀양 보냄으로써 정변을 마무리했다.

수양대군은 즉시 조선의 실질적인 최고 권력자가 되었다. 그는 정난 바로 다음날인 10월 11일, 그러니까 김종서를 완전히 살해한 때부터 반나절도 안 된 시점에 영의정부사 영경연서운관사 판이병조사라는 긴 직함을 가짐으로써 국가의 전권을 거머쥐었다. 같은 날 정인지, 허후, 정창손, 이계전, 홍달손, 신숙주 등 핵심 측근을 요직에 배치해 조정을 장악했다.

수양대군의 최종 목표인 등극은 정난을 일으킨 지 20개월 뒤에야 완수되었다. 1455년 윤6월 11일 단종은 금성대군의 역모가 발각된 것을 기화로 양위했고, 38세의 세조는 그날로 근정전에서 즉위해 자신의 정치적 숙원을 이뤘다. 단종이 즉위한 때부터 4년만의 일이었다. 쿠데타의 궁극적 목표가 최고의 자리에 오르는 것이라면, 계유정난은 시작부터 끝까지 1년 반이 넘게 걸린 긴 쿠데타였다.

하룻밤의 승부,
계유정난

1455년, 조선의 7대 임금으로 즉위한 세조
그의 또 다른 이름은 수양대군이다.

그는 어린 조카의 왕권을 빼앗기 위해
조선 전기 최대의 피바람을 일으킨 인물.

2년 전 1453년 10월 10일
밤이 깊어지자 수양대군은
당시 좌의정이었던 김종서의 집을 찾는다.

집 밖으로 마중 나온 김종서는
한 장의 편지를 건네받고 달빛에 비춰보는데,

그 순간, 김종서가 쓰러졌다!

계유정난이 시작된 것이다.

하룻밤의 승부, 계유정난
수양대군은 왜 김종서를 노렸던 걸까?

계유정난은 어떤 사건인가

그날 　김종서를 철퇴로 내려치면서 시작된 사건, 계유정난은 정확하게 어떻게 일어난 건가요?

김경수 　계유정난은 삼촌 수양이 조카 단종의 왕위를 빼앗기 위해서 고명대신 김종서를 비롯한 의정부 대신들을 죽이고 하룻밤 만에 정권을 장악한 사건이지요. 이로써 수양대군은 왕위에 오를 수 있는 발판을 마련했죠.

그날 　사실 이번 주제를 다루면서 깜짝 놀란 게 있어요. 저는 계유정난이 계유년에 벌어진 정치 변란, 즉 세조의 쿠데타를 비판하는 의미를 담은 명칭인 줄 알았어요. 근데 알고 봤더니 계유정난의 정 자가 편안히 할 정(靖) 자더라고요. '난을 편안케 했다' 이런 뜻이래요. 이게 어떻게 정난일 수가 있는지 대단히 의아해요.

신병주 　철저하게 승리자 쪽에서 붙인 용어죠. 1453년이 계유년이니까 계유(癸酉), 아까 말씀하신대로 정은 편안히 할 정, 잘 다스릴 정 자거든요. 그리고 또 여기서 난 자도 좀 조심해야 되는데 이게 어려울 난(難) 자예요. 우리가 '곤란', '가난' 할 때 어려울 난 자를 쓰는데, 계유정난의 난을 어지러울 난(亂) 자로 착각하시는 분들이 많아요. 임진왜란, 병자호란은 어지러울 난 자를 써서 '왜적이 일으킨 어지러운 난리'라는 뜻이니까요. 만약에 시험에서 계유정란이라고 쓰면 틀린 답이 되는 거예요. 정난이라고 써야 해요.

그날 　어려운 상황을 잘 다스렸다, 편안히 했다. 그러니까 철저하게 승리자의 관점, 즉 수양의 입장을 반영한 용어라는 말씀이군요.

신병주 　세조 이후에 계유정난이 공식 용어로 굳어지면서 학계에서도 그렇게 불리게 된 거죠.

계유정난은 조선 역사에 어떤 영향을 미쳤나

그날   계유정난을 소재로 한 「관상」이라는 영화가 크게 흥행한 덕분에 요즘 젊은 사람들에게도 계유정난이 익숙한 이름이 됐어요. 그런데 아이러니하게도 관객 가운데 대부분이 수양대군과 세조가 동일 인물이라는 걸 까맣게 모르고 영화를 본다는 거죠. 안타까운 현실입니다. 계유정난은 이후 조선 역사에 어떤 영향을 끼쳤나요?

김경수   계유정난은 조선 초기에 있었던 사건 중에서 후대에 가장 큰 영향을 끼친 사건이 아닐까 생각합니다. 수양대군의 정권 장악과 더불어 정치 세력의 이합집산이 극명하게 나타나는 사건이 바로 계유정난이거든요.

그날   현대에 시사하는 바도 크고, 또 최근 많은 사람들의 관심을 받고 있는 계유정난, 계유정난의 신호탄이 됐던 인물이 바로 김종서인데요. 그는 대체 어떤 인물이었기에 수양의 제거 대상 1호가 되었는지 김종서에 대해서 얘기를 더 나눠 보도록 하겠습니다.

대호 김종서의
마지막 임무

나는 김종서다.

세종의 명을 받아 두만강 6진을 개척하고
오랜 시간 북방을 지켜왔다.

사람들은 나를 두고 백두산 호랑이,
대호(大虎)라고 부른다.

새롭게 즉위한 왕은 아직 어리고
내 나이는 벌써 일흔,
그런데 요즘 수양대군의 행보가 심상치 않다.

종친들이 힘을 모으지 못하도록 분경을 금지시켰지만,
수양의 노기가 하늘을 찌르고
그를 따르는 무인들의 수는 점점 늘어만 간다.

고명대신인 내가
어린 왕을 끝까지 지켜드려야 한다.

그것이 나의 마지막 임무다.

「북관유적도첩」, 「야연사준도」, 고려대학교 박물관 소장

계유정난의 첫 희생양 김종서

그날   아! 지금 한반도의 국경인 두만강 6진을 개척한 사람이 바로 김
       종서[1] 장군이군요. 어릴 적 교과서에서 배웠던.

신병주 김종서 장군이라고 하니까 무신으로 착각하는 경우가 많아요.
       사실 김종서는 열여섯 살에 문과에 급제한 문신 관료였고, 세종
       때 지금의 함경도, 당시로는 함길도 관찰사 직책을 수행하고 있
       었습니다. 당시 북방에는 여진족이 상당히 많이 출몰했고, 그 과
       정에서 김종서가 여진족을 몰아내는 데 결정적인 공을 세웠지
       요. 그 때문에 김종서가 군사적인 능력을 지닌 장군이라고 생각
       하는 경향이 있지만, 그는 분명 문관이었습니다.

그날   문관이라고 하니까 문득 기억이 나는데, 김종서 장군이 6진 개척
       할 무렵에 백두산에 올라 가서 읊었다는 유명한 시가 있어요.

> 삭풍은 나무 끝에 불고
> 명월은 눈 속에 흰데,
> 만리변성에 일장검 짚고 서서
> 긴파람 큰 한소리에
> 거칠 것이 없어라.

       확실히 이 시를 읽으니 큰 호랑이의 기개, 호연지기 같은 게 느
       껴지죠?

문종은 고명대신 김종서에게 무슨 말을 남겼나

그날   김종서가 세종 시절부터 충신이고 문종의 고명대신[2]이었다는
       얘기를 했는데, 고명대신은 정확하게 어떤 걸 말하는 거죠?

김경수 고명대신이란 선왕의 유언을 받드는 신하를 말합니다. 선왕이

단종의 가계도

죽기 직전에 '이렇게 좀 해 주십시오' 하고 부탁하는, 임종을 지키면서 유언을 받드는 신하죠. 그러니 임금이 가장 총애한 신하, 여러 신하들 중에서도 핵심 신하라고 할 수 있겠죠.

그날　문종은 김종서에게 어떤 말을 남겼나요?

김경수　문종이 남기고 싶었던 말은 아마 열두 살 외아들, 세자였겠죠. 그 세자는 우리가 아는 단종인데, 문종에게는 열두 살짜리 어린 아이가 어떻게 조선이라는 큰 나라를 이끌어갈 수 있을 것인가 하는 것이 가장 큰 고민이었을 겁니다.

그날　근데 그게 참 이상하네요. 나이 어린 왕이 즉위하면 대비가 수렴 청정을 하게 되어 있잖아요. 그런데 왜 굳이 신하에게 세자를 부탁했을까요?

신병주　단종의 생모는 단종을 출산하다가 출산 후유증으로 죽습니다. 그러면 왕이 다른 왕비를 맞아야 하는데 문종은 계비를 들이지 않았어요. 그 때문에 단종 혼자 왕 역할을 수행하게 되면서 대신들이 권력을 행사하게 되는 상황이 되고, 결국 수양과 안평이 왕실 종친으로서 관심을 받는 국면이 전개되죠.

대신들의 권력 비대화, 황표정사

그날 　그러면 대신들의 권력이 굉장히 커질 수밖에 없지 않을까요?

신병주 　그렇죠. 그 대표적인 사례가 황표정사[3]입니다. 예나 지금이나 인
　　　　사권이 제일 중요하거든요. 보통 관리를 뽑을 때 삼망(三望)이라
　　　　고 해서 임금에게 세 사람의 후보자를 추천하는데요. 대신들이
　　　　여기에 미리 노란 동그라미를 쳐서 표시를 하는 거죠.

그날 　왕은 대신을 뽑는 흉내만 내는 거군요?

신병주 　그렇죠. 거의 형식적으로 사인만 하는 거고, 실질적으로 모든 인
　　　　사권은 대신들이 장악한 거죠. 그런 상황이 지속되니까 수양도
　　　　뭔가 문제가 있다고 인식하게 됐고요.

그날 　인사 문제에 대신들이 적극적으로 개입한다는 것은 오늘날의 의원
　　　　내각제 비슷한 건데, 그러면 권력 남용으로까지 갈 수 있지 않나요?

김경수 　물론 문제가 있었죠. 왕이 아직 어린 데다가 대비조차 없는 상황
　　　　에서 황표정사 같은 권력 남용까지 벌어지니, 문종의 동생들도
　　　　잠자코 보고 있을 수만은 없었을 겁니다. 여차하면 왕위에 오를
　　　　수도 있는 사람들이니까요. 그들 가운데 영순위를 꼽자면 물론
　　　　수양대군이겠죠.

그날 　종친으로서의 기본 권리가 있었을 텐데, 대신들이 그걸 자꾸 제
　　　　약하려는 게 보였을 테니 화도 났을 거고요.

김경수 　권력이 한쪽으로 몰리면 자연히 반대쪽은 불만을 가지게 되죠.
　　　　김종서 입장에서는 '우리가 알아서 잘 하는데 쟤는 또 뭐야?' 이
　　　　렇게 나올 수도 있지요. 그런 과정에서 대신들 쪽에서 종친을 견
　　　　제하기 위한 방법들을 만들어 내는데, 그중 하나가 유명한 분경
　　　　금지법입니다.

김종서, 분경 금지로 종친을 견제하다

그날   분경금지법[4]이 무엇인가요?

김경수   분경이란 분추경리(奔趨競利)라는 말을 줄인 것으로, 벼슬을 얻기 위해 권력자의 집을 드나드는 것을 말합니다.

그날   일종의 로비, 즉 인사 청탁이군요. 다시 말해 인사 청탁을 금지하는 법을 만든 거군요.

신병주   네, 분경을 제도적으로 금지하는데 여기서도 수양대군이 반발을 합니다. '분경 금지라는 게 결국 대군들을 정치적으로 견제하려는 거 아니냐' 하는 거죠.[†]

그날   의심 받으면 기분이 나쁘죠.

신병주   당시에도 종친들은 일종의 로비 대상이었으니까 그것을 차단하면 종친들의 권력이 약해진다는 거죠. 수양대군이 이에 대해 항의를 해요. '이건 문제가 있다. 나를 의심하는 거냐?' 이런 식으로 나와서 결국은 대군의 집에 분경하는 것은 허용해 줍니다.

그날   그럼 역으로 특권이 생겨 버렸네요.

> † "우리들에게 분경하는 것을 금하니, 이것은 우리들을 의심하는 것이다. 무슨 면목으로 세상에 행세하겠는가? 분경의 법은 세종과 대행왕(문종)이 일찍이 불가하게 여기었다. 금상(今上)이 즉위하는 처음에 첫머리로 종실을 의심하여 금하고 막으니 영광스러운 소문을 선양(宣揚)하지 못하는 것이 아닌가? (중략) 만일 진실로 의심이 있다면 우리들을 물리치는 것이 가하다."
> ─ 『단종실록』 즉위년 5월 19일

문종과 수양대군은 친했을까?

그날   수양과 문종은 형 동생 관계잖아요. 평소 두 사람 사이는 어땠어요?

신병주   세종이 왕으로 있을 때는 두 사람 다 능력도 있고, 둘에 대한 세종의 신뢰가 컸기 때문에 나름대로 역할을 잘 분담했습니다. 둘은 큰 마찰 없이 아버지 세종이 추구하는 조선 전기 문화 창조라든가 여러 가지 제도 정비 사업에 적극적으로 참여했죠.

그날　야사에는 수양이 문종을 독살했다는 얘기도 있는데, 문종의 건
　　　강이 급격하게 나빠진 데는 좀 의심스러운 면이 있는 것 같아요.
　　　문종이 너무 빨리 돌아가셨잖아요.

신병주　일설에는 이런 견해도 있습니다. 문종이 왜 이렇게 빨리 돌아가
　　　셨느냐? 문종의 어머님이 소헌왕후 심씨거든요. 이분이 1446년
　　　에 돌아가셨어요. 이때가 유교 이념이 가장 철저할 때라 상례가
　　　아주 잘 지켜졌죠. 게다가 문종은 그런 것들을 아주 철저하게 지
　　　키는 분이어서 삼년상을 제대로 지켰다고 해요. 그러고 1450년
　　　에 바로 세종이 또 돌아가셔요. 체력이 좀 회복될 만하니 또 일
　　　이 터진 거죠.

그날　3년 꼬박 해야 되는 거죠?

신병주　보통 2년 3개월 정도 합니다. 그러면 정신적으로나 육체적으로
　　　나 엄청 힘들죠. 거기에 세종 상까지 터졌으니 더 힘들었겠죠.
　　　문종은 세종이 죽은 지 2년 4개월 만에 돌아가셨어요. 그러니 문
　　　종이 삼년상 치르다 돌아가셨다는 주장도 상당히 설득력 있죠.

세종은 왜 병약한 문종에게 왕위를 물려줬나

그날　문종은 어려서부터 병약했다고 들었어요. 세종은 왜 일찌감치
　　　둘째인 수양대군에게 왕위를 넘겨주지 않았을까요? 사실 자기
　　　도 셋째면서 왕이 됐잖아요.

김경수　여기서 세종의 고민이 드러납니다. 잘 아시겠지만 세종의 할아버
　　　지가 태조 이성계, 즉 조선을 건국한 사람이죠. 큰아버지가 정종,
　　　조선의 두 번째 임금입니다. 태조의 두 번째 아들이고요. 세종의
　　　아버지 태종은 태조의 다섯 번째 아들입니다. 그리고 본인은 태
　　　종의 셋째 아들이고. 건국주야 어쩔 수 없다고 치지만 큰아버지,

아버지, 본인까지 적장자 승계가 이루어지지 않았다는 거죠. 유교 정치의 기틀을 마련해야 하는 세종으로서는 통치 질서를 구축하고, 유교라는 강상 윤리를 일반 백성들에게까지 퍼뜨려야 하는데 왕실에서조차 종통을 제대로 세우지 못한다면 어떻게 할 것인가 하는 고민에 빠져요. 세종 입장에서는 장자인 문종에게 왕위를 승계함으로써 적장자 계승이라고 하는 새로운 원칙을 직접 실천하고, 그것이 하나의 제도로 성립되기를 바랐을 것입니다.

그날　세종의 바람이었던 적장자 계승은 지켜졌지만 문종이 너무 일찍 세상을 뜨죠. 둘째 수양대군이 이 상황을 지켜보면서 어떤 생각을 갖게 됐을까 궁금한데요.

왕이 되지 못한 자,
수양대군

나는 세종의 둘째 아들이자
단종의 숙부, 수양대군이다.

그동안 부왕의 명을 받아
동생 안평과 함께 집현전을 감독하고
한글 작업에도 참여했다.
최초의 한글 불서인 『석보상절』도 찬술했다.

또한 무예를 즐기고 사냥을 좋아하니
사람들은 내가 선대 태종의 기개를 닮았다고 말한다.

성군이었던 형님이 세상을 떠났을 땐
그 얼마나 슬펐던가!

조카 단종이 왕이 되자 직접 명나라 고명사은사를 자청해
먼 길을 떠났고, 왕의 안녕을 위해 혼사까지 주장했던 나다.

매일같이 나라 걱정을 하고 있건만
대신들은 오히려 어린 왕을 볼모로
황표정사를 시행해 국정을 마음대로 주무르더니
이젠 동생 안평까지 끌어들여 나를 위협하고 있다.

그 중심엔 김종서가 있다!

수양대군은 언제부터 왕위 찬탈을 계획했나?

그날   수양대군은 조금 억울했을 수도 있겠네요. '단종을 잘 보필하고 있는데 왜 나를 의심하지? 왜 나만 갖고 그래' 이런 식으로요. 진심이었는지는 알 수 없지만 형이 죽었을 때 목 놓아 통곡하지 않았습니까. 단종의 국혼을 가장 먼저 서두른 사람이기도 하고요. 그런데 사람들이 자꾸 자기가 왕위를 노린다고 의심하면 불쾌해서라도 비뚤어질 거 같아요. 또 명나라 사절단으로 자청해서 가잖아요. 사실 그 긴 기간 자리를 비우면 위험할 수도 있었을 텐데, 왜 그랬던 거예요?

김경수   고명사은사⁵란 명나라 황제에게 새 왕의 즉위를 승인 받으러 가는 자리인데, 그걸 자청한다는 것은 일종의 자신감의 표현인 거 같습니다. 사람들이 어떤 의심을 해도 '나는 떳떳하다' 하는 생각인 거죠.

그날   수양대군이 명나라에 간 데는 정치적인 이유도 있는 것 같아요. 명 조정에 자기 사람을 만들어 두고 로비도 좀 하려고 했겠죠.

신병주   물론 그런 부분도 있습니다. 수양은 명 황제에게 자신의 존재감을 보이고, 한편으로는 김종서나 안평대군과 같은 반대 세력의 견제를 덜고자 하는 정치적 목적이 있었던 것이죠.

김경수   수양은 또 황보인과 김종서의 아들을 고명사은사에 데리고 갑니다.

그날   인질 같은 개념인가요? 만약 그렇다면 수양은 굉장히 전략적인 사람이네요. 수양대군 주변에 사람들이 굉장히 많았다면서요? 호탕하고 술 좋아하는 사람이었다는데, 그러다 보면 '형님이 왕 하셔야죠' 이렇게 부추기는 사람도 있었을 테고, 그런 데 말려서 왕위까지 꿈꾸게 된 것이 아닐까, 이런 생각도 드네요.

김경수   수양은 수양대로 안평은 안평대로 사람들을 모았죠. 분경 금지에서 종친들을 제외해 주니 수양 집에 드나드는 사람도 있고 안평 집에 드나드는 사람도 있었습니다. 초반의 분위기는 안평 쪽으로 약간 기울었습니다. 대신들도 종친 가운데 한 명하고 같이 가면 나머지를 견제하거나 내부 경쟁을 통해서 반사이익을 얻을 수 있을 거란 생각을 했던 거죠. 그래서 문신 기질이 강하고 자기들과 잘 어울렸던 안평을 끌어들이죠.

수양대군의 역모를 미리 막지 못한 이유는

그날　　대신들이 안평대군 쪽으로 몰리면 수양도 마음이 급해졌을 것 같아요. 김종서와 라이벌 구도인 데다 김종서가 종친들까지 포섭하니 얼마나 큰 고립감과 위기감을 느꼈겠어요? 그런데 수양이 역모를 일으킬지도 모른다는 소문은 전부터 있지 않았나요?

김경수　그럼요, 있었죠.

그날　　그러면 김종서 입장에서는 판세가 유리할 때 먼저 수양대군을 제거할 수도 있지 않았을까요?

김경수　대신들도 수양이 야망이 강하니 분명 뭔가 할 거 같다고 생각했지만, 심증만 있지 물증이 없었어요.

신병주　수양대군이 철저하게 아무것도 안 할 것처럼 행동한 측면이 너무 많죠. 대표적으로 고명사은사로 가서 상대방이 견제를 풀게 했고, 오히려 안평이 먼저 역모를 도모하고 있다는 식으로 몰아가기도 했습니다. 실록에는 안평이 10월 20일 전후로 거사를 한다는 움직임이 있어 이것을 막기 위해서 일종의 역 쿠데타를 일으켰다는 식으로 기록돼 있어요.[†]

그날　　모함 아니었나요?

신병주　안평대군의 역모 증거로 제시된 것들이 너무 허술했습니다. 그 증거라는 게 대부분 조작된 것일 가능성이 높아요. 결국 수양대군이 명분을 만들기 위해 안평대군의 역모를 들고나온 거죠.

수양은 왜 안평이 아니라 김종서를 먼저 죽였나

그날   안평이 역모를 꾀하고 있다면 안평을 먼저 쳐야지 왜 애꿎은 김종서를 먼저 죽이나요?

신병주   당시 김종서는 권력의 핵심이었죠. 대표적으로 이때 고려에 대한 역사서를 편찬하는데, 이미 『고려사』라는 역사서가 있었어요. 그런데 김종서가 보기에 『고려사』는 너무 왕권 중심적이어서 신권 중심의 역사책을 만들어야겠다고 생각했죠. 그렇게 해서 나온 게 『고려사절요』거든요. 김종서는 철저한 신권강화론자였고, 그것을 국가적인 편찬 사업에 연결시킬 힘까지 갖추고 있었던 거예요. 게다가 황표정사까지 있었으니 당시는 거의 김종서의 시대였다고 할 수 있습니다.

그날   영화 「관상」에서처럼 수양대군이 정말 역모의 관상을 가졌던 게 아닐까요? 영화에는 그렇게 나오잖아요. 수양대군은 이리상이고 김종서는 호랑이 상이라고요. 진짜 그랬나요?

수양대군은
정말 이리상이었을까?

영화 「관상」이 흥행하면서
계유정난이 다시 세간의 주목을 받고 있다.

호랑이의 관상을 가진 김종서와
역모를 일으킬 이리의 상을 가졌다는 수양대군의 대결.

수양대군은 실제 어떤 모습이었을까?
임금의 초상화, 어진을 보면 확인이 가능할 것이다.
하지만 현존하는 어진 중에서는 세조를 찾을 수 없었는데…….

기록에 의하면 구한 말 고종은 조선왕실의 마지막 어진화사에게
당시 훼손이 심각했던 세조의 어진을 모사하도록 명한다.

이때 그려진 어진은 한국전쟁 시기 부산으로 옮겨져 보관되는데
1954년 보관처에 불이 나면서 결국 소실되고 말았다.
그렇다면 세조의 용안을 확인할 길은 없는 걸까?

경남 해인사에는 세조로 여겨지는 존상도가 한 점 보관되고 있다.

비단과 종이에 채색된 이 존상도는
1458년 봉안된 것으로 추정되는데,

이것이 진짜 세조의 모습일까?

「존상도(전 세조대왕 진영)」, 합천 해인사 소장

세조의 모습을 담은 해인사 「존상도」

그날　해인사에서 발견된 어진은 얼굴이 둥글둥글한 게 제가 생각했던 세조와는 다르네요. 이게 진짜 세조의 모습 맞나요?

신병주　세조가 정말 해인사에 방문을 하셨더라도 어진을 그리게 할 만큼 많은 시간을 주지는 못했을 겁니다. 요즘도 그렇죠. 대통령 순방하면 얼마나 바쁩니까? 따라서 저 그림은 아마 해인사에서 세조 얼굴에 대한 정보를 어느 정도 듣고 불교식으로 표현한 그림이 아닐까 생각합니다.

그날　세조가 독실한 불교 신자였다고 하잖아요. 그래서인지 탱화 분위기가 나네요. 얼굴도 둥근 것이 꼭 부처님 형상이에요.

신병주　불교 이미지를 많이 사용해서 그런 게 아닐까 싶어요.

그날　이리상이나 전략가라기보다는 오히려 굉장히 후덕하고 인자한 이미지네요. 왜 나이가 들면 관상이 변한다고 하잖아요. 세조도 수양대군일 때는 이리상이었다가 나중에 왕이 되고 나서 저렇게 후덕해지신 게 아닐까요?

김경수　만약 수양이 명분 없는 정난을 일으키지 않았다면 그가 이리상이었다는 기록은 전해지지 않았겠죠.

이미지 메이킹의 귀재 수양대군

그날　수양은 일부러 노쇠한 말을 타고 가다가 말이 쓰러지면 거기서 멋지게 착지하는 모습 같은 걸 연출하기도 했다면서요?

신병주　물론 그런 면도 있습니다. 세조는 활솜씨가 매우 뛰어났다고 해요. 실록에 보면 화살 열여섯 발로 사슴 열여섯 마리를 잡았다고 하는데 물론 거짓말이겠죠. 정말 정신없는 사슴 아니라면 열여섯 마리가 한꺼번에 잡힐 거 같지는 않은데, 그만큼 대단했다는 표현이겠죠. 약간 아부하는 마음이 섞여 있었겠지만 그 당시에

나이 든 무인들은 세조를 보고 태조대왕을 보는 거 같다고 칭송했다고 합니다.†

† 이번 길에 세조가 그 용맹을 보이려고 일부러 노둔한 말을 타고는 노루를 쫓다가 그 말이 수십 번을 넘어졌으나 문득 말에서 빠져나와 우뚝 서곤 하였다.
— 『세조실록』 총서

날씨가 차고 비가 온 뒤에 큰 바람이 불어 사람들이 모두 저고리 세 겹에 가죽옷을 껴입고, 귀를 가리고 짐승의 털로 만든 두툼한 요를 뒤집어쓰고서도 오히려 추워서 떨었는데, 세조만이 홀로 한 겹의 옷을 입고 팔뚝을 걷고 있어도 손이 불덩이처럼 따뜻하므로 보는 자들이 보통 사람과 다르게 여겼다.
— 『세조실록』 총서

세종이 또 평강에서 강무(講武)할 때, 세조가 화살 16발로 16마리의 사슴을 죽였는데, 화살 깃의 피가 바람에 뿌리어 옷이 붉게 물들었다. 늙은 무인 이원기, 김감 등이 이를 보고 울면서 말하기를, "다시 태조를 뵙는 것 같습니다" 하였고, 세종과 문종도 항상 이를 칭찬하였다.
— 『세조실록』 총서

계유정난,
단 하룻밤에 왕궁을 접수하다

대호 김종서를 친 그날 밤,
수양대군은 발 빠르게 움직였다.

미리 포섭해 둔 무리들이
도성 사대문과 궐 안을 장악하고,
수양은 단종의 명을 빙자해 대신들을 입궐시켰다.

그리고 살생부에 따라
자신을 지지하지 않는 이들을 차례로 처단해 나가니
이날 죽은 이가 수십 명에 달했다.

단 하룻밤 만에
수양대군의 천하가 된 것이다.

작자 미상, 「한양도성도」, 호암미술관 소장

계유정난, 그날 밤에 무슨 일이 있었나

그날　정말 몇 안되는 인력으로 정난을 성공시킨 거예요. 김경수 교수 님, 그날 밤에 무슨 일이 있었는지 설명해 주세요.

김경수　김종서의 거처는 교동에 있고, 수양의 집은 경복궁과 창덕궁 사 이에 있습니다. 낮에 일이 벌어지게 되면 김종서가 궁에 들어와 있죠. 특히 김종서가 군사권까지 장악하고 있었기 때문에 낮에 일을 도모하는 건 불가능하죠. 그래서 밤에 퇴근하고 난 뒤에 김 종서의 집을 찾아가서 격살하고 들어온 후 문을 닫아버립니다.

그날　사대문을 봉쇄한 거군요.

김경수　사대문을 봉쇄하고 단종에게 직접 보고를 하죠. '김종서가 역모 를 꾸며서 처단하고 왔나이다. 신하들을 부를 테니 주상의 명패 를 좀 주십시오.' 그렇게 명패를 받아서 신하들을 입궐시키죠. 그 뒤에 한명회가 그 유명한 살생부를 쥐고 사람들을 처단하기 시 작합니다. 군사를 세 겹으로 나눠 살부에 이름이 올라와 있는 사 람은 군사들이 첫 번째 문에서 하인들을 떨구고, 두 번째에서 죽 입니다. 생부에 올라와 있는 사람은 세 번째 문까지 통과시켜서 정난에 동참하는 인물들로 구분합니다. 어쨌든 정난에서 가장 중요한 사람은 역시 수양 본인입니다. 밑에서 아무리 부추겨도 본인이 안 가면 끝인 거죠. 수양이 직접 정난을 지휘한 것이 결 국 계유정난 성공의 주요인이 되는 거죠.

그날　드라마나 영화에서 보면 수양이 김종서를 그날 바로 죽이는 걸 로 알려져 있는데, 사실 이날 죽은 게 아니라면서요?

신병주　이때 김종서는 정말 심하게 피격을 당했는데도 살아남습니다. 살아서 다시 궁궐 안으로 들어가려고 하다가 저지당하죠. 결국 은 여장을 하고 자신의 둘째 며느리 집에까지 가는 상황이 전개 되죠.†

그날　사대문을 장악한다는 게 그렇게 간단한 건가요?

신병주　당시 내금위 병사들도 불만이 많았습니다. 김종서가 권력을 잡은 후 내금위 병사들을 대상으로 일종의 구조조정을 하려고 했거든 요. 때문에 수양대군이 그들을 쉽게 끌어들일 수 있었던 것이죠.

그날　모든 요소들이 수양을 돕고 있는 거네요.

> † 김종서가 다시 깨어나서 원구를 시켜 돈의문을 지키는 자에게 달려가 고하기를, "내가 밤에 어떤 사람에게 상처를 입어 죽게 되었으니, 빨리 의정부에 고하여 의원으로 하여금 약을 싸 가지고 와서 구제하게 하고, 또 속히 안평대군에게 고하고, 아뢰어 내금위를 보내라. 내가 나를 상하게 한 자를 잡으려 한다" 하였으나, 문 지키는 자가 듣지 않았다. 김종서가 상처를 싸매고 여복(女服)을 입고서, 가마를 타고 돈의문, 서소문, 숭례문 세 문을 거쳐 이르렀으나 모두 들어가지 못하고, 돌아와 아들 김승벽의 처가에 숨었다.
>
> ─ 『단종실록』 1년 10월 10일

천민도 공신으로 만드는 파격적인 포상

그날　거사 후에 큰 포상이 있었겠어요.

신병주　계유정난으로 총 43명이 공신으로 책봉됩니다. 특징적인 게 무신이 많아요. 무신이 19명이고, 환관이 2명 포함이 되어 있고요. 이건 궐에서 내응한 사람들이 있었다는 거예요. 환관이 공신으로 책봉됐다는 건 엄청난 역할을 했다는 거거든요. 천민 중에서도 공신이 한 명 배출되는데, 이것도 상당히 이례적인 일입니다. 또 공신에는 포함되지 않았지만 나중에 상을 받은 사람 중에는 궁중 시녀 같은 사람들도 많고요. 이런 사례 중에 대표적인 게 노비 임어을운이 당시 최고 권력가였던 황보인의 집을 받은 거예요. 이런 걸 보면 계유정난 때는 출신이 낮은 사람들도 공을 세웠다는 걸 알 수 있죠. 거꾸로 생각하면 그들이 가지고 온 정보가 정난의 성공에 적지 않은 영향을 미쳤던 거죠.

친동생들에 이어 조카까지, 비정한 피의 숙청

그날   반면에 수양의 반대 세력들, 즉 안평대군과 역모를 일으키려 했다고 지목됐던 사람들과 그 가족들은 처참하게 숙청되거나 철천지원수의 노비로 가고 그랬다면서요.

김경수   그렇습니다. 한쪽이 상을 받으면 다른 한쪽에서는 당연히 벌을 받게 되죠. 집, 재산 등을 모두 뺏기고 가솔들이 상대편 종으로 끌려가기도 하고요. 집과 사람 모두를 사급 받는 거죠. 이런 일들이 논공행상 과정에서 그대로 나타납니다.

신병주   특히 반대자에 대한 처벌이 상당히 엄격하게 적용되는데요. 대명률에 모반대역죄라는 규정을 적용해요. 규정에 의하면 역모한 사람의 아비나 자식 중에 16세 이상에 해당되는 자는 전부 교형, 즉 목을 매서 죽이고 15세 이하의 친척은 공신의 집에 종으로 보내야 합니다. 때문에 상당수가 처형을 당하고 또 일부는 새로 공신이 된 사람의 집에 노비로 들어가게 됩니다. 정말 비정한 거죠.

그날   그럼 안평대군은 어떻게 됐어요?

김경수   수양에게는 안평이 친동생 아니겠습니까? 바로 처단할 순 없었겠죠. 그래서 처음엔 강화도로 귀양을 보냈다가 머지않아 교동으로 유배시킵니다. 그런데 안평이 살아있으면 또 다른 역모의 빌미를 제공하지 않겠어요? 그래서 수양 쪽 사람들이 계속 안평을 죽일 것을 요청합니다. 후환을 없애려면 안평을 제거해야 되지 않겠냐는 얘기죠. 결국 단종의 명을 받아서 사약을 내리는 걸로 마무리 짓습니다. 태종이 왕자의 난 때 이복동생들을 죽였던 건 사실이지만 친형제들까지 건드리진 않았는데 수양은 친동생까지 죽인 거죠. 또 바로 밑에 금성대군에게도 사약을 내려요. 그리고 결국은 아버지와 형이 부탁했던 조카까지 영월로 귀양 보내고, 사약 내려서 죽이죠. 정말 참혹한 일이죠.

수양, 무소불위의 권력을 손에 쥐다

그날　어쨌건 수양 쪽에는 조금의 희생도 없이 완벽하게 성공한 쿠데타인데, 그러고 수양이 바로 왕이 되진 않았죠?

김경수　그렇습니다. 10월 10일에 쿠데타를 성공시키고 바로 다음날인 11일에 단종에게서 관직을 하사받습니다. 그때 수양이 받았던 관직이 영의정부사 영경연서운관사 판이병조사입니다.

그날　자기가 다 가졌군요.

신병주　결국은 수양이 의정부의 영의정, 그리고 여러 경연관의 총책임, 또 이조판서와 병조판서도 직접 임명하고 통제하는 무소불위의 권력을 차지한 거예요.

김경수　보름 뒤에는 하나를 더 가져갑니다. 중외병마도통사라고 해서 병권도 다 휘어잡습니다. 그러니까 정변 다음날 영의정으로서 실권을 장악하고, 보름 뒤에는 병마도통사로서 서울과 지방의 병권을 모두 자기 손아귀에 두는 거죠. 더 이상 줄 수 있는 권한이 없을 정도로 모든 걸 다 가진 겁니다.

그날　그럼 보름 뒤에는 관직 이름이 더 길어진 건가요?

김경수　그렇죠.

수양은 왜 바로 왕이 되지 않았나

그날　그럴 거면 왕을 하지 뭐 그렇게 뜸을 들이면서 시간을 버요?

김경수　조선이라는 유교 사회가 지닌 명분론에 걸리게 됩니다. 본인이 영의정부사 영경연서운관사 겸 판이병조사, 또 보름 뒤에는 중외병마도통사까지 가졌지만, 그럼에도 아직까지 임금은 단종이고 자기는 신하죠. 따라서 군신의 의리를 지켜야 하므로 직접 쿠데타를 일으켜 임금인 단종을 내쫓을 순 없는 겁니다. 그래서 찾은 방법이 어린 조카가 더 이상 감내하지 못할 정도까지 주변을 처나가는 것입니다. 결국 '삼촌이 하시지요'라는 얘기가 나올 때까지 말이지요. 참 집요한 모습이죠.

그날 당시 열세 살이었던 단종은 삼촌이 정말 무서웠을 것 같아요.

신병주 그런 모습은 태종도 마찬가지입니다. 태종 역시 왕자의 난 직후 직접 왕이 되지 않고, 유교적인 명분에 맞게 당시 장자였던 정종이 왕이 되게 하고 그 다음에 정종의 양보를 받는 형식을 취합니다. 역사를 보면 항상 비슷한 과정이 되풀이 된다는 거죠.

그날 계유정난을 끝으로 수양과 김종서의 대결은 끝났습니다. 하지만 이 두 사람 사이에 얽힌 또 다른 이야기가 전해집니다.

『금계필담』과
드라마「공주의 남자」

계유정난을 배경으로 한 드라마,「공주의 남자」
드라마 속 주인공은 원수지간인 수양대군의 딸과
김종서의 아들로, 둘은 사랑에 빠진다.

비극적인 둘의 사랑!
과연 이 이야기는 드라마 속 상상일 뿐일까?

경북의 한 마을에는 이와 유사한
전설이 전해 내려온다.

백악산 근처에는 굴이 하나 있는데
바로 이곳에서 계유정난 이후 도망친
수양대군의 딸과 김종서의 손자가
서로 사랑하며 살았다는 것이다.

이는 실제로 조선 시대 야담집
『금계필담』에서도 확인이 가능하다.
『금계필담』에서는 둘에 대해 어떻게 이야기하고 있을까?

김종서와 사육신의 죽음에 공주가 울며 비난하니
세조가 노여워하고 공주는 이를 피해 도망을 친다.

그 후 산속에서 김종서의 손자를 만나고
둘은 부부의 연을 맺게 되는데…….

시간이 흘러 세조가 산 근처 길을 가던 중
자신을 닮은 아이들을 발견하게 된다.
공주가 김종서의 손자와 혼인한 사실을 알고
눈물을 보이는데…….

세조의 눈물은 어떤 의미였을까?

세조의 눈물, 그 의미는?

그날　세조의 눈물은 어떤 의미였을까요? 분노? 후회? 회한?『금계필담』[6]은 역사서가 아니라 꾸며진 이야기잖아요. 왠지 그런 것 같아요. 명분이 어찌 됐든 피바람을 몰고 온 사건의 주도자가 눈물을 흘리면서 참회하는 모습을 보고 싶었던 거죠. 일종의 대리만족을 원했던 것 아닐까요? 어찌 보면 이게 백성들이 세조를 포용하는 방법이었던 거죠.

신병주　비슷한 예로 백제 무왕과 선화공주 이야기가 있잖아요. 서동요[7]와 관련된 전설 말이에요. 당시는 백제와 신라가 치열하게 전쟁을 하던 때예요. 평화로운 시기가 아니었죠. 적국의 왕자와 공주의 사랑, 이런 로맨틱한 이야기를 퍼뜨림으로써 전쟁은 그만하고 화합했으면 하는 메시지를 표현한 거죠.

김경수　역사의 승자들이 정사를 꾸밀 때 그들만의 허구를 만들듯이 패자들 역시 다른 방법으로, 즉 전설 내지는 야사를 통해서 새로운 역사를 만드는 게 아닐까 싶어요.『금계필담』에 나온 김종서의 아들과 수양대군의 딸 이야기가 그 대표적인 경우죠.

소셜 빅데이터로 알아보는 수양대군과 세조

그날　현대인들은 수양대군에 대해서 어떻게 생각할까요? 이걸 좀 새로운 방식으로 유추해 봤는데요. 송길영 선생님, 세조, 수양대군에 대한 이미지 좀 전해 주시죠.

송길영　네, 소셜 빅데이터 분석을 통해서 세조에 대한 현대인들의 마음을 읽어 보도록 하겠습니다. 먼저 수양대군의 연관어입니다. 수양대군 하면 떠오르는 것은 계유정난, 김종서 등 관련 인물들인데요. 최근 드라마나 영화 등에서 수양대군을 재조명하고 있기 때문에 영화 「관상」이나 수양대군을 연기했던 배우 이정재 씨의 이름이 나오는 것을 확인할 수 있습니다. 그런데 세조를 보면 좀 달라집니다. 세조는 정식으로 왕이 된 후의 명칭이죠. 그러다 보니 단종이나 왕위, 혹은 다른 조선 임금들의 이름이 떠오른다고 합니다. 수양대군 혹은 세조와 연관된 가장 중요한 세 사람과의 관계를 한 문장으로 정리해 볼 수 있을까요? 세조와 단종을 연관 지을 경우, '세조는 단종의 왕위를 빼앗았다'라는 답변이 나오고요. 수양대군과 김종서를 이으면, '수양대군과 김종서의 대결은 정치적 비극이다'라는 문장이 완성됩니다. 일반인들은 특정 대상에 대한 감정보다는 당시 정치적 구도에 주목하고 있다는 것을 확인할 수 있습니다. 그렇다면 일반인들의 마음속에 수양대군과 세조는 어떤 느낌으로 다가올까요? 그래서 연관 감성어를 뽑아 봤습니다. 수양대군은 연관 감성어가 '잔인하다', '분개하다', '무섭다'와 같이 왕위 찬탈 과정에서 보인 잔인함과 그에 대한 두려움이 주된 감정이었고요. 반면에 세조를 보시면 '학문을 좋아한다'는 긍정적인 평가도 있고, 부정적인 부분도 '염려한다', '우려한다', '탄식한다'와 같이 백성들을 사랑하는 왕의 이미지를 보여 줍니다. 이렇듯 세조와 수양대군은 동일 인물이지만 그 명칭에 따라 사람들이 느끼는 감정이 다르다는 것을 확인할 수 있습니다.

단언컨대 계유정난은

최원정 오늘의 주제를 "단언컨대 A는 B다"라는 식으로 정리해 볼까요? 예를 들면 "단언컨대 계유정난은 조선사의 비극이다" 이렇게요.

이해영 단언컨대 피는 씻기지 않는다. 에너지가 보존되듯이 폭력도 보존되고 사라지지 않습니다. 한 번 발생한 폭력은 아무리 긴 시간이 지나도 어딘가에서 분명히 또 다른 폭력으로 발생합니다. 따라서 수양대군이 일으킨 그 폭력이 지금까지 어떤 식으로든 영향을 주고 있다는 것이죠. 이는 좋지 않은 본보기입니다. 만약 세조가 저승에서 그때의 폭력을 후회한다면 김종서 개인에 대한 미안함이 아니라 계속해서 반복되는 이 기나긴 폭력의 에너지를 후회하지 않을까 생각합니다.

류근　단언컨대 계유정난의 정난은 어불성설이다.

3

수양대군,
옥새를
받다

조선의 일곱 번째 왕 세조는 왕세자를 거치지 않고 등극한 첫 임금이다. 그만큼 그는 이례적인 경로로 즉위한 것이다. 세조는 지울 수 없는 도덕적 오명을 안고 왕위에 올랐지만, 그리 길지 않은 기간인 14년밖에 그 자리에 머물지 못했다.

세조의 통치는 상찬과 비판이 특히 선명하게 갈라진다. 그럼에도 세조는 정치, 경제, 국방 등 너른 분야에서 중요한 업적을 여럿 남겼다고 평가된다. 정치에서 세조가 가장 중요하게 생각하고 집요하게 추구한 과업은 왕권 강화였다. 그런 노력이 집약된 정책은 육조직계제를 다시 도입한 것이다. 의정부의 심의를 거치지 않고 육조가 국왕에게 직접 보고하고 지시받도록 한 이 제도는 국왕이 국정을 더욱 강력하게 장악할 수 있는 방법이다. 세조는 태종 14년(1414)에 실시됐다가 세종 18년(1436)에 의정부 서사제로 환원된 이 제도를 즉위 두 달 만에 다시 시행했다. 권력 운영에 대한 세조의 생각은 "총재(정승)의 의견을 듣는 것은 임금이 죽은 제도이며, 의정부의 의견대로 한다면 장차 권력이 옮겨 가도 알지 못하게 될 것"이라는 발언에 오롯이 담겨 있다.

국정 운영의 핵심을 바꾼 세조는 국왕의 절대성을 강화하는 의례적 변화도 추진했다. 이를테면 어전에서는 절대 어좌를 등지고 서지 못하며, 명령으로 부르면 전보다 갑절로 빠르게 달려오도록 했다. 어가가 지나가면 갑옷과 투구를 착용한 군사를 제외하고 칼을 찬 사람은 모두 꿇어앉아야 했고, 임금이 원로 종친이나 대신 등과 사적으로 만날 경우 세자 이하는 모두 자리에서 물러나 엎드려 머리를 조아려야 했다. 세조는 "조회와 연향이 중요한 까닭은 임금과 신하의 예절을 익히기 때문이며 예악과 문물이 소중한 까닭은 임금과 신하의 구분을 굳게 하기 때문"이라고 규정했다.

세조는 강력한 왕권을 바탕으로 경제와 국방을 강화했다. 경제 분야와 관련해 주목되는 시책은 호구 파악이다. 예나 지금이나 정확한 인구 파악은 납세와 국방의 의무를 빠짐없이 공정하게 부과하는 데 가장 중요한 기반이다. 그러나 당시의 행정력과 기술력 수준을 감안할 때 그것은 대단히 어려운 과업임이 분명했다.

1461년 7월, 조선 조정은 기존의 호적과 군적을 회수하고 전국의 인구를 다시 조사해 인구 400만 명, 가호 70만 호에 85만 명의 군역 인력을 확보했다. 이것은 조선이 개창된 뒤 처음으로 국가에서 실제 호구 규모를 파악한 업적이었다. 새로운 토지제도인 직전법을 시행하고 백성에게 부과한 공물을 줄인 것도 주목된다. 1457년 3월 세조는 세종 중반에 책정된 공물 가운데 3분의 1을 감축했다. 1466년에는 직전법을 도입해 관원에게 주는 토지의 규모를 줄임으로써 국가 지출을 경감시켰다.

세조의 또 다른 주요 업적은 중앙의 5위 제도와 지방의 진관 체제를 시행해 국방력을 강화한 것이다. 5위는 다섯 개의 정예 부대를 두어 수도의 각 부와 전국 각 도의 방어를 유기적으로 결합한 군사 제도이며, 진관 체제는 각 도의 거점 지역을 위계에 따라 조직한 국방 체계다. 진관 체제에서는 각 도의 최고 군사 지휘관인 병마절도사와 수군절도사의 소재지를 주진으로 삼고, 그 밑에 절제사, 첨절제사가 통솔하는 몇 개의 거진을 두어 그것을 하나의 진관으로 설정했다. 그리고 거진 아래 동첨절제사, 만호 등이 관할하는 제진을 배치해 주요 거점을 중심으로 체계적이고 효율적으로 군사를 지휘하고 동원할 수 있게 했다. 강화된 조선의 국방력은 1460년과 1467년, 두 번에 걸친 건주여진 정벌로 입증되었다.

끝으로 국가 운영의 근간인 『경국대전』을 편찬하기 시작했다는 사실도 높이 평가할 만하다. 1460년에 호전, 이듬해 형전이 완성됨으로써 조선의 주요 제도는 점진적이지만 확고하게 자리 잡아갔다.

수양대군, 옥새를 받다

세종의 둘째 아들 수양대군
형인 문종이 즉위 2년 4개월 만에 세상을 떠나자
숨겨왔던 야심을 드러낸다.

어린 조카 단종의 왕위를 노린
하룻밤의 반정 계유정난,
이후 수양대군은 조정을 완전히 장악했다.

1년 후 조선왕조 최초로
왕세자를 거치지 않은 왕자가
즉위식을 위해 옥새를 받았다.

옥새를 받든 것은 놀랍게도
단종의 충신으로 기록된 성삼문.

충심으로 단종을 모시던
신하들의 비극이 예고된 그날,
수양대군은 조선의 7대 왕 세조가 된다.

수양대군에게 옥새를 바친 성삼문

그날   정말 서럽게 우는 성삼문, 저건 그냥 눈물이 아니라 피눈물이 아
      닐까 싶어요. 남자는 태어나서 세 번 운다고 하잖아요. 태어났을
      때, 부모님이 돌아가셨을 때, 그리고 나라가 망했을 때. 아마 성
      삼문 입장에서는 저때가 충성을 맹세한 왕이 자리를 빼앗긴 날
      이기 때문에 나라가 망한 것과 크게 다를 게 없었을 거예요. 성
      삼문의 눈물이 역사에도 기록이 돼 있나요?

신병주   당시 성삼문이 상당히 안타까운 마음을 표현했다는 내용은 나옵니다.

김경수   통곡을 했다는 기록이 있죠.†

그날   단종의 충신이라고 불렸던 성삼문이 수양대군에게 옥새¹를 직
      접 주잖아요. 이게 야사가 아니라 실제로 있었던 일인가요? 너무
      드라마틱한 설정인데요?

신병주   네, 정사에도 기록된 일입니다. 성삼문이 계유정난 이후 계속 요
      직을 차지했어요. 당시에는 승지 직책으로 있었는데, 승지도 맡
      은 분야가 있어요. 성삼문은 예방승지라고 해서 요즘으로 치면
      청와대 의전수석에 해당해요. 그러니 운명적으로 옥새를 들고
      갈 수밖에 없었죠.

> † 을해년(1455)에 세조가 선위를 받을 때에 성삼문이 예방승지로서 국새를 안고 통곡
> 하니, 세조가 막 부복하여 사양하다가 머리를 들어 이를 눈여겨보았다.
> ── 『추강집』, 「육신전」 성삼문

옥새를 받은 수양대군과 동요하는 신하들

그날   옥새를 받았으니 드디어 왕이 된 거네요.

김경수   옥새는 국가의 표상이자 왕의 권위를 상징을 하는 물건이죠. 따
      라서 옥새를 받았다는 건 수양대군이 드디어 세조가 되었다는
      것을 의미합니다. 수양이 세조가 되면서 일으킨 최초의 정치적

변화는 대신들의 합의에 의해 정국을 운영하는 의정부서사제[2]를 폐지한 겁니다. 그리고 바로 육조직계제[3]를 실시하는데, 이건 곧 세조가 모든 정치 운용을 장악하겠다는 의미죠.

신병주 많은 분들이 착각하시는 것 중에 하나가 수양 대군이 계유정난 직후에 왕이 됐다고 생각한다는 거예요. 사실은 때를 기다린 거죠. 성삼문 같은 사람도 처음에는 정난공신 가운데 한 명이었거든요. 김종서나 황보인 같은 대신들에게 권력이 지나치게 집중되는 것을 막기 위해서 수양대군 편에 섰죠. 그런데 수양이 단종의 왕위를 뺏는 상황이 되니까 이건 아니다 싶은 거예요. 유교 사회에서 있을 수 없는 일이다, 이건 그야말로 반란이다, 이렇게 생각하게 된 거죠.

그날 수양대군 앞에서 울었다는 건 앞으로 성삼문의 운명이 순탄치 않을 것임을 예고하는 거 아니겠어요?

신병주 당시 성삼문의 절친한 친구가 박팽년[4]이었는데 박팽년이 그 상황을 듣고 '우리가 어떻게 그런 일을 당할 수 있느냐. 차라리 경회루[5] 연못에 빠져 죽자' 그랬대요.

그날 잠깐만요. 경회루가 빠져 죽을 만한 깊이가 됩니까?

신병주 네, 깊이가 1.8미터 정도 되니까 마음만 먹으면 죽을 수는 있어요. 게다가 경회루는 상징적인 의미도 있기 때문에 경복궁 내에서는 자살하기 제일 좋은 곳이었죠.

김경수 가까운 곳이기도 하고요.

그날 궁 안에 있는 연못에 빠져 죽는 건 굉장히 불경한 거잖아요. 실제로 경회루에 빠져 죽은 사람이 있었나요?

김경수 기록에는 없죠.

신병주 어쨌든 성삼문, 박팽년이 생각을 고쳐 먹고 서로 부둥켜안고 '차라리 복수를 하자' 이렇게 나옵니다. 경회루에 빠져 죽는 건 세

경복궁 경회루

조 정권에 강한 반대 의사를 표현하는 방법이지만 어떻게 보면 소극적 저항이라는 거예요. 차라리 세조를 제거하고 적극적으로 일을 추진해 보자는 얘기죠.†

† 박팽년은 왕실의 일이 끝내 구제될 수 없음을 알고 경회루 연못에 임하여 스스로 떨어져 죽으려 하였다. 성삼문이 굳이 말리며 말하기를 "지금 왕위는 비록 옮겨 갔지만 아직 상왕(단종)이 계시니, 우리들이 죽지 않아야 장차 뒷일을 도모할 수 있을 것이오. 도모하다가 이루지 못한다면 그때 죽더라도 늦지 않을 것이니, 오늘의 죽음은 국가에 무익한 것이오" 하니, 박팽년이 그 말을 따랐다.
—『추강집』「육신전」박팽년

사육신과 단종 복위 운동

그날　적극적인 무엇을 하자, 그게 바로 단종 복위 운동이죠?

김경수　네, 맞습니다. 성삼문을 중심으로 일이 진행됩니다. 우선 집현전에서 동문수학했던 박팽년, 하위지, 이개, 유성원을 끌어들이고, 무사였던 유응부도 참가시키죠. 그리고 아버지 성승하고도 의견의 일치를 봅니다.

그날   그러니까 계유정난과 똑같은 방법으로 역 쿠데타를 도모한 거군요.

김경수   역 쿠데타는 아니고 명분 바로 세우기죠. 역사 바로 세우기.

그날   단종 복위라는 명분만큼은 확실했겠네요.

김경수   그렇죠.

그날   세조가 즉위하고 얼마 만에 이런 일이 일어난 거죠?

신병주   세조가 단종에게 실질적으로 왕위를 빼앗은 게 1455년 윤6월인데, 이로부터 1년쯤 뒤인 1456년 6월에 일을 벌입니다. 또 단종이 영월로 유배 간 것이 1457년 6월이니까, 6월 징크스 같은 게 아닌가 싶기도 해요.

그날   비극의 6월이네요. 그런데 결국 실패하잖아요. 여기서도 계유정난 때처럼 한명회[6]가 굉장히 큰 역할을 했다면서요?

김경수   한명회가 촉이 굉장히 예민한 사람인 건 분명한 것 같습니다. 세조의 즉위를 인정해 주러 온 명나라 사신들을 위해 창덕궁에서 환영연이 벌어졌는데요. 이 자리에 운검[7]을 세우게 됐고, 유응·부하고 성승이 운검으로 임명된 거죠. 그런데 한명회가 돌연 날씨가 덥고 장소가 협소하니 운검을 빼자고 합니다. 물론 음력 6월이면 양력으로는 7월이니 더웠을 법도 하죠. 어쨌건 세조가 한명회의 건의를 받아들입니다. 그러면서 단종 복위 거사가 수포로 돌아가죠.

신병주   운검이 되면 바로 옆에서 세조를 공격할 수 있지만 그렇지 않으면 어렵죠. 중국 무협 영화 같은 데서야 날아서 찌르고 그러지만 그건 정말 영화일 뿐이거든요. 결국 성삼문이 다시 기회를 노리자고 한 거죠.

김경수   하늘의 뜻이 우리에게 있지 않나 보다며 다음으로 미루자고 합
　　　　니다. 그러는데 유응부는 '무슨 소리냐, 얘기가 나왔으니 하자'
　　　　라고 하죠.

그날   무인 기질이 있으니까요.

김경수   결국 성삼문이 강력하게 주장해서 미뤄집니다.†

그날   거참. 그게 미룰 일입니까? 그런 일을 미루면 반드시 내부에 동
　　　　요가 일고 밀고자가 생기고 그러다 일이 어그러지잖아요. 실제
　　　　로 그렇게 됐고요.

김경수   성삼문하고 각별한 사이였던 김질이 겁이 나니까 결국 세조를
　　　　찾아가죠. 그러면서 다시 역 고변이 일어나게 됩니다.

> † 모의가 이미 결정되었으나 마침 그날 임금이 운검을 그만두도록 명하였고, 세자 또
> 한 병 때문에 따라 나오지 못하였다. 유응부가 그래도 거사하려고 하니, 박팽년과 성
> 삼문이 굳이 말리며 말하기를 "지금 세자가 본궁에 있고, 공의 운검을 쓰지 못하게
> 된 것은 하늘의 뜻입니다. 만약 여기서 거사하였다가 혹시 세자가 변고를 듣고 경복
> 궁에서 군사를 일으킨다면 성패를 알 수 없게 될 것이니, 다른 날을 기다리는 것만 못
> 합니다" 하였다. 유응부가 말하기를 "일이란 신속함을 귀하게 여기니, 만약 지체한다
> 면 누설될까 두렵소. 지금 세자가 비록 오지 않았지만 측근들이 모두 여기에 있소. 오
> 늘 만약 이들을 모두 죽이고 상왕을 호위하여 호령한다면 이는 천재일우의 기회이니,
> 이때를 놓쳐서는 안 될 것이오" 하였다. 박팽년과 성삼문이 굳이 불가하다고 하며 말
> 하기를 "만전의 계책이 아닙니다" 하여 드디어 그만두었다.
> ── 『추강집』 「육신전」 박팽년

단종 복위 운동의 참혹한 결말

그날   이후에 끔찍한 복수전이 시작되잖아요. 조선사 최대의 피바람이
　　　　아닐까 싶은데, 일일이 설명하기 어렵지만 대표적인 비극을 좀
　　　　말씀해 주세요.

신병주   이때 세조가 얼마나 분노했던지 직접 국문을 해요. 편전인 사정
　　　　전 앞마당에 불러서는 영화나 드라마에서처럼 인두로 지지고 잔

인한 형벌을 가하죠.

김경수 그런데도 이 사람들이 세조의 화를 돋우는 말만 해요. 박팽년은
세조를 전하라고 하지 않고 나리라고 불러요. 자기는 한 번도 세
조를 임금으로 섬긴 적이 없다면서요.†

신병주 당시에 박팽년이 충청도 관찰사로 있었거든요. 세조가 '내가 너
충청도 관찰사까지 시켜 줬는데 이럴 수가 있느냐?' 그러니까
'나는 충청도 관찰사 시절에도 나리를 왕이라고 부른 적이 없고,
나를 신하라고 쓴 적도 없다' 그러는 거예요. 그래서 박팽년이
올린 문서들을 찾아보니까 진짜로 신하 신(臣) 자 대신 클 거(巨)
자를 쓴 거죠. 중간에 점 두 개를 지우고요.

김경수 성삼문은 또 나리가 준 녹봉은 하나도 먹지 않고 쌓아 놨다고 얘
기해요. 이러니 세조의 분노는 정점을 찍었겠죠.

그날 실제로 가서 확인해 보니 녹이 그대로 있었다면서요. 그런데 국
가 공무원이 1년 이상 봉급을 안 쓰고 어떻게 버텼을까요? 맞벌
이라도 했나요?

김경수 실제로 성삼문을 처형하고 난 뒤에 집에 가서 확인해 보니 세조
즉위 후에 받았던 녹은 날짜별로 그대로 쌓아 놓고, 방에는 거적
만 깔려있더라는 거예요.

그날 명분 때문에 녹을 먹지 않고 굶었다, 이렇게 생각할 수 있는 거네
요. 대단해요. 정말 대단한 충심인데, 이와 관련된 고시조도 있죠.

수양산 바라보며 이제를 한하노라.

주려 주글진들 채미도 하는 것가.

비록애 푸새엣 거신들 긔 뉘 땅헤 낫다니.‡

방금 인두 말씀하셨는데 성삼문은 능지처참§ 당했다는 얘기가

84

있잖아요. 능지처참이라는 게 굉장히 익숙한 단어이긴 한데, 실제로는 정말 끔찍한 형벌이잖아요. 법에 그런 형벌이 명시되어 있는 건가요? 이게 법에 따른 형벌이에요?

김경수 그런 형벌은 없지요.

그날 아주 감정적으로 대한 거네요. 그리고 부녀자들을 모두 원수의 집으로 보냈다면서요?

신병주 원수의 노비로 삼았죠. 엄청난 살육극이 벌어져서 이때 희생당한 사람들의 시신조차 찾기 힘든 상황이 됐어요.

---

† 박팽년이 웃으며 대답하지 않았고, 임금을 일컬을 때에 반드시 '나리'라 하였다. 임금이 그 입을 닥치도록 하며 말하기를 "그대가 이미 나에게 신하라고 일컬었으니, 지금 비록 일컫지 않더라도 소용이 없다" 하니, 대답하기를 "저는 상왕의 신하이니, 어찌 나리의 신하가 되겠습니까. 일찍이 충청 감사로 있던 1년 동안에 무릇 장계와 문서에 일찍이 신하라고 일컬은 적이 없었습니다" 하였다. 사람을 시켜 그 계목(啓目)을 살펴보게 했더니, 과연 신하라는 글자가 하나도 없었다.
— 『추강집』 「육신전」 박팽년

세조가 말하기를 "그대는 나의 녹을 먹지 않았던가. 녹을 먹으면서 배반하는 것은 이랬다저랬다 하는 사람이다. 명분으로는 상왕을 복위한다고 하지만 실상은 자신을 위하려는 것이다" 하니, 성삼문이 말하기를 "상왕이 계시거늘 나리가 어찌 저를 신하라고 하겠습니까. 또 나리의 녹을 먹지 않았으니, 만약 믿지 못하겠거든 저의 가산을 몰수하여 헤아려 보십시오" 하였다. (중략) 죽은 뒤에 그의 가산을 적몰해 보니, 을해년(세조1) 이후의 봉록은 따로 한 방에 쌓아 두고서 '어느 달의 녹'이라 적어 놓았다. 집 안에 남은 것이 없었고, 잠자는 방에는 오직 거적자리만 있을 뿐이었다.
— 『추강집』 「육신전」 성삼문

‡ 수양산(수양대군)을 바라보며, 백이와 숙제를 꾸짖으며 한탄한다
굶주려 죽을지언정 고사리를 뜯어 먹어서야 되겠는가
비록 산에 자라는 풀이라 하더라도 그것이 누구의 땅에서 났는가
— 성삼문, 「수양산 바라보며」

단종의 죽음

실패로 끝난 단종 복위 운동,
이 사건으로 단종은 노산군으로 강봉,
죄인의 신분이 된다.

열여섯, 강원도 청령포로 유배를 떠난다.
열일곱, 금부도사 왕방연 단종을 찾아오다.

세조가 내렸다는 사약,
이를 거부하고 스스로 목숨을 버렸다는 야사의 기록.

그가 어떻게 역사 속에서 사라졌는지
누구도 정확히 알지 못한다.

> 노산군은 스스로 목을 매어 죽으니 예로써 장사 지냈다.
> ─『세조실록』 3년 10월 21일

소년 왕, 단 한 줄의 죽음으로 남다.

월중도 한국학중앙연구원 소장

소년 왕, 단종의 죽음

그날 그림이 하나 준비되어 있는데 이게 뭔가요?

신병주 월중도⁹라는 그림인데요. 단종이 유배 갔던 영월의 청령포를 그린 그림이죠. 영월은 동강이 휘감아 돌고 뒤에는 산이 있어서 세조 입장에서 보면 천혜의 유배지죠. 실제로는 섬이 아니지만 산으로 막혀 있어서 마치 섬처럼 고립된 곳이니까요.

그날 지금 보면 굉장히 풍광 좋은 곳인데 열일곱 어린 나이, 지금으로 치면 고등학생인데, 한창 예민한 나이잖아요. 그런 때에 저런 데 유배되었다면 정말 괴로웠을 것 같아요

신병주 그래서 단종이 유배 생활을 하는 동안 자신의 외롭고 슬픈 처지를 담은 시조를 짓기도 했어요.

김호석, 「단종 어진」

그날	달 밝은 밤 소쩍새 슬피우니
	시름 못 잊어 자규루에 기대었네.
	네 울음소리 내 듣기 괴롭구나.
	그 소리 없으면 내 시름도 없을 것을
	세상에 괴로운 사람에게 내 마음을 전하노니,
	춘삼월 자규루엔 오르지 마오.

단종이 영민했다고 하잖아요. 정말 감수성이 남달랐던 거 같아요. 뭔가 확 와 닿는 게 있죠. 실록은 승자의 기록으로 남지만 시라는 것은 빼앗긴 자, 짓밟힌 자, 사라진 자들의 마음을 후세에 전하는 유서 같은 것이 아닌가, 이런 생각을 하게 됩니다.

단종 죽음의 미스터리

그날　어쨌든 단종이 결국 영월 유배지에서 최후를 맞는데, 그 최후에 대해서도 설들이 참 많아요. 어떤 게 맞는 거예요?

신병주　실록에는 공식적으로 자살로 기록돼 있어요. 예나 지금이나 제일 편한 방식이 자살로 처리하는 거니까요. 일단 골치는 안 아프거든요. 다른 야사 기록을 보면 금부도사 왕방연이 사약을 가지고 왔는데, 단종이 관복을 입고 마루로 나와서 온 이유를 물었다고 해요. 왕방연이 말도 못하고 엎드려 울기만 하니까 평소에 단종을 모시던 공생이라는 자가 공을 세우겠다는 욕심에 활시위로 올가미를 만들어 단종의 목을 졸랐다는 거예요. 사실 자살하기가 쉽지 않거든요. 어쨌건 여러 정황으로 볼 때 세조에 의해 기획된 죽음임에는 분명합니다.

김경수　세조는 정권을 공고히 하기 위해 방해물을 전부 제거해야 했죠. 결국 세조가 단종을 죽여야겠다고 결심하게 된 계기는 아이러니하게도 연이어 일어난 단종 복위 운동이에요.

신병주 세조 입장에서는 단종을 제거할 수밖에 없었던 거죠. 안 그러면 제2, 제3의 상왕 복위 운동이 일어날 것 같으니까. 단종 사사에 직접적인 계기가 된 사건은 순흥에서 일어난 금성대군의 역모 사건입니다. 금성대군은 수양대군의 동생이자 세종의 여섯 번째 아들이에요. 금성대군도 상당히 집요한 게 끝까지 형님을 죽이겠다고 계속 역모 사건을 일으켜요. 순흥에도 역모 때문에 유배 간 거였거든요. 근데 거기서도 이보흠 등과 모의해서 단종 복위를 꾀하다가 발각된 거죠. 추격자 같은 콘셉트로 영화 만들어도 참 재밌을 거예요.

조선 왕족에게 가족이란

그날 결국 세조는 조카도 죽이고 형제들까지 죽인 거네요. 굉장히 끔찍한데 한편으로는 '당시 조선의 왕족들에게 가족이란 무엇이었을까?' 이런 생각이 들어요.

신병주 일반적인 가족 하면 형제자매가 한집에서 오순도순 우애롭게 지내는 걸 떠올리지만, 사실 왕자들은 왕세자를 제외하고는 대부분 궁 밖에서 살아요. 떨어져 살면서 교류가 거의 없는 거예요. 피만 섞였지 심정적으로는 남보다 못한 사이도 많죠. 금성대군이나 안평대군이 형님에게 반기를 들었던 이유도 그런 맥락에서 이해할 수 있죠.

그날 피붙이로 정을 나눌 일이 거의 없으니 그럴 수도 있겠네요. 내가 위험할 수 있겠다 싶으면 아우나 형도 정적이 되는 거죠.

신병주 권력은 부자 간에도 나눌 수 없는 건데 형제 간에는 더더욱 그럴 수 있죠.

그날 영국에도 비슷한 경우가 있잖아요. 장미전쟁으로 유명한 리처드 3세[10]가 그랬죠. 영국판 수양대군이라고 하는데, 그런 걸 보면 권력에는 사람을 사람답지 않게 만드는 악마적 속성이 있는 게 아닌가 싶어요.

김경수 권력은 소금물과 같아서 마시면 마실수록 갈증이 난다고 하죠.

단종 죽음에 대한 백성들의 반응

그날 단종이 죽은 후 민심은 어땠나요?

신병주 당시 백성들은 단종을 분명 왕이라고 인식하고 있었던 것 같아요. 단종이 죽고 시신도 제대로 수습하지 못한 채 그중 일부는 강에 버려졌다는 얘기가 있는데, 당시 영월 호장이었던 엄흥도라는 사람이 남은 시신을 겨우 수습해서 길지에 묻어 줬다고 해요. 그게 현재 영월의 장릉이 된 거죠. 지금도 영월에서는 단종의 장례 행렬을 재현하는 행사를 하고 있다고 합니다.

그날 단종 하면 『단종애사』가 제일 먼저 떠오를 만큼, 단종에 대한 안타까움이 문학 작품에 자주 등장하잖아요. 그래서 준비해 봤습니다. 대중문화에 남은 소년 왕 단종의 모습들입니다. 우선 일제 강점기에 발표됐던 소설들이죠. 이광수의 『단종애사』, 김동인의 『대수양』입니다. 지금과는 달리 세조를 긍정적으로 묘사한 소설들인데, 당시에는 굉장한 인기를 끌었다고 해요. 사관(史觀)은 좀 다르지만 단종의 비극을 부정한 작품은 없었습니다. 다음은 1960년대에 발표된 노래인데요. 제목이 '두견새 우는 청령포'예요. 60년대 느낌이 물씬 나는 곡이죠. 발표된 후에 여러 번 리메이크 될 만큼 공전의 히트를 기록했다고 합니다.

왕관을 벗어 놓고, 영월 땅이 웬 말이냐.
두견새 벗을 삼고, 슬픈 노래 부르면
한양 천 리 바라보고, 원한으로 삼 년 세월.

신병주 이런 것도 약간 과장된 거죠. 실제로는 1457년 6월에 유배되고, 10월에 돌아가시니까 4개월인데 말이죠.

그날 일종의 시적 허용 아니겠습니까?

신병주 그렇죠. 시적 허용이죠. 지금은 군대 복무기간이 1년 반밖에 안 되는데 '3년이라는 시간 동안' 이렇게 과장하듯이.

그날 가사가 정말 구구절절 와 닿네요.

신병주 단종이 어린 나이에 유배를 갔고, 유배지에서 비극적인 죽음을 당해서 소설 소재로는 아주 적합하죠. 단종의 이야기가 시대를 초월해서 사랑받는다는 건 그만큼 많은 공감을 불러일으키기 때문이겠죠.

김경수 대중문화에서 세조를 지나치게 나쁜 쪽으로만 각인시킨 면이 없진 않은 것 같아요. 사실 주공[11]이 되겠다던 처음 약속을 지켰으면 멋진 숙부로 남았을 거고, 또 아버지, 형, 조카로 이어지는 조선 전기 르네상스를 이뤘을 텐데 말이죠.

그날 어떤 왕을 평가하는 데 있어서 중요한 요소 가운데 하나가 바로 묘호잖아요. 누구는 조로 끝나고, 또 다른 분은 종으로 끝나고 이렇게요. 나라를 세우거나 국난을 수습한 분에게는 조가 붙는다고 하는데, 그럼 세조는 나라를 재건했다는 의미에서 좋은 평가를 받은 건가요?

신병주 기본 관례대로라면 종으로 가는 게 맞는데 이걸 처음 어긴 게 세조예요. 신하들 사이에서는 '신종으로 하자', '예종으로 하자', '성종으로 하자' 논의가 있었어요. 그런데 예종이 아버님은 엄청난 일을 하신 분이니 조로 하자고 해서 조가 붙은 거고요. 앞 글자는 세종의 정신을 잇는다는 의미로 붙인 거예요. 당시 신하들이 반대했는데 중국에도 그런 사례가 있다며 예종이 고집을 부렸죠. 또 계유정난에 참여해서 세조를 왕으로 만든 사람 입장에서는 세조를 높여야 본인들의 집권에 정당성이 생긴다는 면도 있었죠.

'그날'의 라이벌, 성삼문과 신숙주

최원정   운명의 대척점에 섰던 신숙주와 성삼문의 얘기를 빼놓을 수가 없잖아요. 두 사람이 아주 절친한 벗이었다고 하는데, 두 사람의 입장을 류근 시인님과 이해영 감독님, 두 분께서 대변해 주시면 어떨까 싶어요. 준비하신 거 있죠?

류근   이 몸이 죽어 가서 무엇이 될꼬 하니

봉래산 제일봉에 낙락장송 되어 있어

백설이 만건곤할 제 독야청청하리라.

— 「충의가」 성삼문

이해영   큰 운수 중도에 막히어 국정이 바르지 못하였네.

권간들이 어지럽혀 국병을 휘두르니

악과 독이 틈을 타서 불붙듯이 번지었네.

— 「신주대종명」 신숙주

고명대신들을 권간에 빗대서 계유정난의 정당성을 말하고 있네요.

최원정   이 시기에 수많은 시조들이 나왔어요. 성삼문의 충의가는 정몽주의 단심가랑 시작이 굉장히 비슷한데 이건 어떻게 봐야 할까요? 표절인가요?

이해영   요즘에 유행하는 말 있잖아요. 이건 장르적 유사성이지 표절이 아니다. 저는 그렇게 생각합니다.

류근   이건 오마주죠. 선배에 대한 존경과 헌정, 오마주. 성삼문은 단종 복위 운동을 주도한 사육신의 한 사람으로 충신의 대명사입니다. 신숙주와는 한글 연구를 위해 중국의 음운학자 황찬을 열네 번이나 찾아가면서 우정을 쌓았다고 합니다.

이해영   신숙주는 수양대군의 왕위 찬탈을 도운 후 천수를 다하며 승승장구했던 조선의 엘리트였습니다. 세조의 남자, 킹메이커라는

「신숙주 초상」, 고령 신씨 문중 소장

별명으로 불렸죠. 대부분 변절자 이미지로만 기억하는데, 집현전 학자 시절에는 세종의 총애를 받아서 한글 반포에 가장 큰 공을 세운 사람이기도 합니다. 조선 초기 나라의 기틀을 세운 천재 관료, 이런 평가도 있습니다.

류근 역시 오래 사신 분답게 하실 말씀도 많으신 모양이에요.

이해영 신숙주에 대한 평가, 어떻게 생각하세요? 배신의 아이콘인 신숙주의 이름을 따서 쉽게 상하는 녹두나물을 숙주나물로 바꿨다는 일화는 워낙 유명하잖아요.

최원정 진짜 불명예스러운 별명이에요.

신병주 신숙주가 세조 이후에 너무 잘나갔던 거죠. '성삼문은 저렇게 희생당하는데 너는 왜 이렇게 잘 나가냐?' 이런 마음이 드는 거죠. 하지만 어쨌든 그때는 판단의 문제였다는 거죠. 김종서나 황보인 같은 대신들이 어린 단종을 끼고 권력을 행사할 때, 신숙주는 카리스마 있고 능력 있는 수양대군이 리더로 훨씬 더 적합하다고 판단했고, 결국 그 길을 따라간 거죠.

류근 성삼문은 영민하고 굳건한 인물이라고 알려져 있잖아요. 하지만 계유정난 때 사태의 추이를 관망한 것이나, 별운검 못 세우게 했다고 거사를 미룬 것 등은 분명 판단의 실수라고 생각해요. 더군다나 거사가 탄로 나서 붙잡혔을 때 동지들 이름을 다 불어버리잖아요. 이건 도대체 어떻게 해석해야 되는 겁니까?

김경수 당당함의 표현이라고 봐야겠죠. 어찌 보면 성삼문은 답답할 만큼 정도를 걷고자 했던 강직한 선비가 아니었나 하는 생각이 듭니다. 이 양반이 형장으로 끌려가면서 한마디 툭 뱉죠. "당신들은 새 임금 만나서 천하를 태평하게 해 봐라. 나는 옛 임금 만나러 지하로 가겠다" 오죽하면 성삼문을 죽이면서 세조가 그러죠. "이 양반들은 지금은 난신이지만, 후대에는 충신의 이름으로 불리겠구나."

梅竹軒成三問像

一九九七年十月 日 孫連七 謹寫

손연칠, 「매죽헌 성삼문 상」

류근 　 역시 사람 보는 눈은 있군요.

신병주 　 성삼문의 호가 매죽헌이거든요 매화나무 매(梅) 자에 대나무 죽(竹)
　　　　 자, 집 헌(軒) 자를 쓰는데, 호도 이미지하고 잘 맞는 것 같아요.

최원정 　 성삼문이 고문 받을 때 신숙주에게 '네가 그렇게 나쁜 사람인지
　　　　 몰랐다'라고 했다면서요. 그때 신숙주가 수양대군 뒤로 숨었다
　　　　 는 얘기는 결국 떳떳하지 못하다는 방증 아닐까요?

신병주 　 신숙주도 그때는 미안함이 있었겠죠. 절친했던 친구가 그렇게
　　　　 당하는데, 떳떳하게 대할 수는 없었을 테니까요.

이해영 　 신숙주가 오랜 시간 많은 왕들을 모셨잖아요. 그가 만약 진정한
　　　　 지식인이었다면 왕이 바뀔 때마다 그렇게 친정권적으로, 친권력
　　　　 적으로 움직이지 못하지 않았을까요? 지식인이라기보다 전략가
　　　　 아닌가요?

류근 　 세조는 인간적으로 용서받기 어려운 인물이 됐지만, 신숙주에
　　　　 대해서는 다시 생각할 여지가 있을 것 같아요. 그 시대에 신숙주
　　　　 같은 지식인이 정치에 참여하지 않았다면 어떻게 됐을까요? 신
　　　　 숙주 같은 사람들이 있었기 때문에 그 무뢰한의 정치에 균형을
　　　　 잡을 수 있었던 게 아니냐? 세조 시대가 이만큼이라도 정당성을
　　　　 가질 수 있었던 건 그런 지식인들의 덕분 아니겠느냐? 이런 생각
　　　　 이 든다는 거죠.

사육신은 정말 여섯 명일까?

최원정 　 우리가 사육신이라고 하면 보통 여섯 명을 생각하는데 성삼문, 하
　　　　 위지, 박팽년, 유성원, 유응부, 이개. 이 여섯 명이 전부 다는 아니죠?

김경수 　 물론입니다. 단종 복위 운동에 연루된 사람은 엄청 많습니다. 한
　　　　 70여 명 넘을까요?

신병주 　 남효온[12]이란 인물이 「육신전」을 지으면서 핵심 인물 여섯 명을

정했고, 숙종 때 단종과 사육신이 복권되면서 국가적으로 공인 되어 지금까지 이어져 온 거죠.

김경수 결국 몇 사람이냐, 누구냐가 중요한 게 아니고 그때 그분들이 그 일을 했던 이유와 목적이 뭐였는지를 살펴야 합니다. 그분들은 자 신의 목숨을 내던지면서까지 절의와 명분을 지키고자 한 거죠.

그날 단종 복위 운동 실패 이후 분위기가 굉장히 살벌해졌겠어요?

신병주 그렇죠. 그런 분위기를 보여 주는 대표적인 사건이 집현전 폐지예 요. 성삼문, 박팽년, 하위지 전부 집현전 학자 출신들이니까 세조 입장에서 보면 집현전은 불온 세력의 온상이었던 거죠. 경연도 거 의 정지합니다. 철저하게 왕권을 강화하는 방향으로 가는 거죠.

피의 군주 vs 치적 군주

쿠데타로 정권을 잡은 피의 군주였으나,
한편으로는 아버지 세종의 업적을 잇는
유능한 왕, 치적 군주로 기억되는 세조.
단편적인 이미지들이 그의 양면성을 드러낸다.

권력을 향한 강렬한 욕망은, 피바람을 몰고 왔으나
동시에 강력한 왕권을 유지하는 힘이기도 했다.

『세조실록』은 부국강병을 꿈꾼 세조의 다양한 업적을 전한다.

호패제도를 강화,
이를 통해 군사 자원을 관리하고
안정적인 세수를 확보했으며

다양한 분야의 편찬사업을 추진,
조선 초기 문화 르네상스를 이어갔다.

특히 최초로 조선의 통치 규범을 정리한 『경국대전』은
세조의 업적 중 가장 의미 있게 평가되는 부분.

또 민생을 돌보기 위해 퇴직 관리에게도 지급하던 토지를
현직 관리에만 주도록 한 직전법은,
획기적인 공무원 구조 조정으로 기록돼 있다.

세조의 국가 운영

그날   대개 세조의 잔인한 모습만 기억하지만 왕으로서 이룬 업적들이 많네요. 세조가 법과 풍수지리에도 조예가 깊었다면서요?

신병주   세조는 편찬 사업에 특히 뛰어난 자질을 보입니다. 대표적으로 영구한 법전을 만들자는 취지로 『경국대전』 편찬에 착수했죠. 이게 당대에 완성한 게 아니고 사업이 계속 이어지게 했다는 데 의미가 있어요. 『경국대전』과 『동국통감』 모두 예종을 거쳐 성종 대에 완성되거든요.

그날   자기의 업적이 아니라 성종의 업적으로 남을 것을 알면서도 일을 진행한 거군요.

김경수   세조가 남긴 자취가 상당히 검소합니다. 광릉수목원 아시죠? 우리나라를 대표하는 수목원 중 하나인데, 그 이름이 세조의 능인 광릉에서 비롯된 것입니다. 비슷한 예로 지하철역 이름 중에 정릉, 선릉, 태릉이 있는데 이것들도 전부 왕릉의 이름을 딴 거죠. 어쨌든 광릉수목원의 광릉이 세조의 능인데, 세조는 자신의 능을 최대한 검소하게 만들라는 유언을 해요. '병풍석[13]도 만들지 말고, 석실도 하지 마라. 선왕들의 왕릉 조성에 든 비용의 절반만 사용해라' 이런 식으로요.

신병주   실제로 광릉은 세조의 유지를 지켜서 검소한 편이에요.

왕들의 리더십

그날   명분과 정통성 부족 때문에 세조가 통치에 큰 어려움이 겪었을 것 같아요. 그런 맥락에서 왕을 국가의 최고경영자로 보고 리더십을 분석한 분이 오늘 만물각에 나오셨습니다. 안녕하세요. 저희가 매번 왕의 인간적인 모습들을 많이 평가했는데, 사실 왕 하면 리더십 아닙니까?

구분	구분	총사령관	동원 병력	전과 (참살, 생포)
세종 정부	1438년 토벌 (2차 토벌, 세종 19)	이천	7800여 명	60명
세조 정부	1467년 토벌 (2차 토벌, 세조 13)	강순	1만여 명	286명

세종, 세조 대 여진족 정벌

박현모 그렇습니다. 저는 세종을 주로 공부했기 때문에, 다른 임금들을 연구할 때도 종종 세종과 비교하게 됩니다. 세종과 세조 대에 공통적으로 여진족 토벌 기록이 나오는데요. 세조가 세종보다 더 좋은 성과를 거둔 걸 보고 깜짝 놀랐습니다. 세종은 1438년에 여진족을 토벌하는데 7800여 명을 끌고 60명을 사로잡는 성과를 거뒀고, 세조는 1467년에 만여 명을 이끌고 286명의 전과를 거뒀습니다. 거의 다섯 배에 가까운 수치죠. 게다가 세조는 대부분 최고 사령관인 신숙주에게 직접 지시를 내려 일을 추진하는데 비해 세종은 전부 기록을 통해서 의사를 결정했습니다.

그날 여진족 토벌 이야기를 들으니 확실히 세조가 무인 기질이 탁월했던 것 같네요. 단종을 위해 그런 능력을 써 줬으면 더 좋았을 텐데요.

세조 대 정치의 특징, 술

그날 세조가 신하들과 술자리를 자주 해서 세조 대 정치를 주석정치(酒席政治)라고 했다는데, 폐해도 좀 있었을 것 같아요. 술이라는 게 사고를 부르잖아요.

박현모 그렇습니다. 실록에 설작(設酌), 즉 '술자리를 베풀다'라는 말을 검색해 보면 세종 대에는 44건, 세조 대에는 431건이 나옵니다. 세조 집권기가 세종 대에 비해 훨씬 짧은데 말이죠.

그날 술로 정치를 한다는 게 남자의 호탕함 같은 것 때문이었을까요?

박현모 세조에게는 계유정난의 정당성 문제가 일종의 트라우마로 작용했던 것 같습니다. 그런 심리적 불안을 취중이 아니면 드러내지 못했고요. 또 술을 통해 신하들과 친해지고자 하는 세조의 정치 스타일도 한몫했고요.

김경수 주석정치는 명분 없는 정권이 가지는 별종의 정치 형태죠. 술자리가 자주 벌어지면 에피소드가 많겠죠. 그중에는 술을 잘 못하는 정인지가 크게 취해서 세조를 너라고 불렀다는 이야기도 있어요.

그날 세조는 그가 쌓은 업적에 비해 인정을 거의 못 받는 것 같아요. 그 이유가 뭐라고 생각하세요?

박현모 태종 때는 창업의 시기라 칼과 활로 천하를 다스렸지만 세종 이후에는 성리학적 시대정신으로 통치하는 분위기가 무르익죠. 그런데 세조가 그런 역사를 후퇴시키는 듯한 행보를 하지요. 유교적 시대정신 같은 것들을 외면한 것이 조선 지식인들이 세조를 인정할 수 없게 만든 부분이 아닌가 싶습니다.

그날 세조를 리더로 분석해 보니 객관적으로 평가할 수 있었던 것 같아요.

세조의 말년과 죄책감

그날 세조가 말년에 피부병을 심하게 앓았잖아요. 그 피부병의 원인에 대한 이야기가 많더라고요. 가족력 때문이라고도 하고, 단종의 어머니인 현덕왕후의 저주 때문이라고도 하고요. 현덕왕후가 세조의 꿈에 나와 불같이 화를 내며 침을 뱉었더니 그 자리에 욕창이 생겼다고 하잖아요.

신병주 세조는 집권 과정에서 수많은 피를 보지 않았습니까? 그 과정에서 엄청난 스트레스와 죄책감에 시달렸을 텐데, 피부병이 스트레스와도 밀접한 관련이 있잖아요. 세조가 왕위 올랐을 때 나이가 서른아홉이에요. 그렇게 많지 않은 나이인데 집권기가 14년밖에 되지 않아요. 세조 하면 굉장히 오랫동안 재위했을 것 같은데 의외죠. 그런 것도 극심한 스트레스로 인한 건강 악화 때문이 아니었나 싶어요.

그날   14년 재위하려고 그 많은 사람들을 죽였나요. 권력의 덧없음을 느끼게 하는 숫자네요, 14년. 세조가 피부병 때문에 온천도 참 많이 다녔지만, 온천 가는 길에 절도 그렇게 많이 갔다면서요?

김경수   스스로를 호불군주라고 칭하거든요. 불교를 좋아하는 군주라는 뜻이죠. 어쩌면 재위 기간 동안의 스트레스나 죄책감 같은 것을 불교에 귀의해서 해결해 보려 했던 게 아닌가 싶어요.

신병주   세조가 속리산 법주사를 찾았을 때, 가지가 늘어진 소나무 때문에 가마가 못 지나가는 거예요. 근데 믿거나 말거나 소나무가 스스로 가지를 들어 올렸다는 거죠. 그래서 기분이 좋아진 세조가 그 소나무에게 정이품송이라고 품계를 붙여 줬대요.

그날   상원사에 있는 고양이 석상에도 세조와 관련된 이야기가 있다면서요?

김경수   네, 세조가 예불을 드리러 상원사 법당에 들어가려 하는데 고양이가 옷자락을 물어뜯고 못 들어가게 했대요. 알고 보니 그 안에 자객이 숨어 있었다는 거죠.

그날   세조를 불교의 수호 받는 인물로 만드는 거 같네요. 집권의 정당성을 마련하고 민심을 수습하기 위해서 불교를 이용한 거죠. 이쯤 되면 이런 이야기를 전문적으로 지어내는 담당 소설가가 따로 있었을 것 같아요. 어쨌든 이 모든 건 세조의 죄책감과 콤플렉스가 아니었을까 싶은데, 그렇다 할지라도 이건 인과응보죠.

신병주   세조는 사찰 행차를 상당히 자주 했는데 그 과정에서 자신에 대한 백성들의 거부감을 느낀 것 같아요. 세조는 '나 그렇게 나쁜 사람 아니다. 날 좀 지지해 달라' 이런 걸 표현하고 싶었겠죠. 하지만 결과적으로 백성들은 그를 부정적으로 그린 야사를 남김으로써 그런 세조를 용서하지 않은 거죠.

김경수 　불행한 군주였다고 봐야죠.

수양대군이 옥새를 받은 날을 한마디로?

그날 　수양대군이 옥새를 받은 그날을 한마디로 정리하면 어떨까요?

신병주 　크게 보면 세조의 집권에 동조한 세력보다 거기에 반대한 세력이 역사 속 최후의 승리자가 되었다는 거죠.

이해영 　어떤 경우에도 결과가 과정을 완전히 덮을 수는 없다.

류근 　슬픔도 노여움도 없이 살아가는 자는 조국을 사랑하고 있지 않다.

김경수 　당대의 역사는 승리자의 것일지 모르지만 후대에는 아주 준엄한 심판이 따른다.

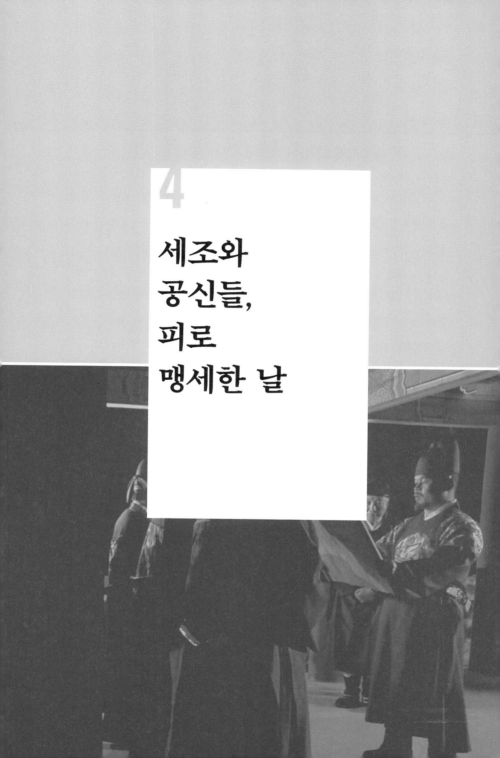

4

세조와
공신들,
피로
맹세한 날

권력의 비정함을 그대로 보여 준 집권 과정이나 그 뒤의 통치 방식 등에서 세조는 할아버지인 태종을 많이 닮았다. 태종이 그랬듯 세조가 추구한 일차적 정치 목표는 강력한 왕권을 수립하는 것이었다. 세조는 그 목표를 이루는 과정에서 태종의 선례를 많이 원용했다. 그러나 세조는 매우 중요한 한 가지를 본받지 못했고, 그것은 결정적 차이를 만들었다.

태종은 자신과 후계자에게 잠재적 걸림돌이 될 만한 대상은 거의 모두 제거해 강력하고 안정적인 왕권을 구축했다. 그러나 세조는 그러지 못했다. 지울 수 없는 도덕적 오명을 무릅쓰고 왕위를 찬탈한 부담이 근본 원인이었겠지만, 그는 자신의 집권에 공헌한 소수의 공신을 중심으로 정국을 운영했다. 공신에 대한 의존은 치세 후반으로 갈수록 심해졌고, 당대는 물론 후대에도 큰 부담으로 작용했다.

그것을 가장 잘 보여 주는 증거는 빈번한 공신 책봉이다. 세조의 치세는 '공신 책봉의 시대'라고 부를 만했다. 1453년(단종 1) 계유정난에 성공한 뒤 자신을 포함한 정난공신 43명을 책봉한 세조는 즉위 직후(1455) 좌익공신 46명을 선정했으며, 1467년(세조 13) 이시애 난을 평정한 뒤에는 적개공신 45명을 녹훈했다. 여기에 세조 붕어한 직후 발생한 병조판서 남이의 역모를 진압했다는 명분으로 책봉된 익대공신 39명을 더하면, 세조와 관련된 공신은 173명에 이른다. 조선 건국부터 세조 전까지 60여 년 동안 세 번의 공신이 책봉되었지만, 세조는 자신의 치세에만 같은 횟수의 공신 책봉을 단행한 것이다.

공신은 '양날의 칼'이다. 그들은 주로 왕조 교체나 대규모의 전쟁 같은 큰 변란에서 뛰어난 공을 세운 인물이다. 공신 책봉은 그런 공로에 대한 치하와 격려의 표시이기도 하지만, 유인과 결속의 장치이기도 하다. 충분한 보상이 뒤따르지 않을 때 그들은 이전의 경험을 되살려 또 다른 변란에 참여할 수 있는 잠재성을 가진 집단이기 때문이다.

공신이 자주 대규모로 책봉되었다는 사실은 그때 중요한 정치적 변화가 많이 일어났거나 유인과 결속이 특히 더 필요한 시기였음을 방증한다. 세조 때의 상황은 이런 측면과 잘 부합된다. 세조는 도덕적 오명을 감수하고 수많은 난관을 헤치며 집권하는 과정에서 소수의 측근에게 의지할 수밖에 없었고, 성공한 뒤에는 그들을 충분히 포상해야 했다.

한명회, 신숙주, 구치관, 정인지, 정창손을 비롯한 이 시기 주요 인물은 거듭 공신에 책봉되고 오랜 기간 요직을 장악하면서 시대를 이끌었다. 자연히 그들에게 권력과 재력이 집중되었고, 그것은 긴밀하게 중첩된 혼인과 혈연관계를 매개로 더욱 확대되었다. 세조의 치세가 끝날 무렵 그들은 하나의 견고한 구조를 형성했다.

공신들의 권력 강화는 세조 대 정치에 역설적 결과를 가져왔다. 세조는 왕권 강화를 가장 큰 목표로 삼고 신하들의 영향력을 강력히 규제했으나 거듭된 공신 책봉과 공신 중심의 정국 운영이 체제 자체를 상당히 허약하게 만든 것이다.

세조와 공신들,
피로 맹세한 날

18세기에 발간된 「한양도성도」
여기에는 경복궁 뒤편 북쪽 계단에
회맹단이라는 공간이 표시돼 있다.

1455년 그곳에는 어둠 속에 수많은 사람들이 모여 있었다.
앞으로 나선 이는 조선의 7대 임금 세조
나머지는 계유정난 등으로 세조의 즉위를 도운 공신들이었다.

"각기 맹세한 말을 받들어 혹시라도
변하는 자가 있다면 용서하지 마소서."

임금의 말이 끝나자 칼로 살아있는 짐승을 죽여 피를 냈다.
이때 그릇에 담긴 죽인 짐승의 피를 직접 입가에 바르는 세조.

그러자 왕이 하는 대로 공신들도 차례로 모두가 따라했다
입가에 피를 바르는 삽혈 의식이었다.

어둠 속에 이루어진 왕과 공신 간의 피의 의식.
도대체 그들은 이곳에서 무얼 하고 있었던 것일까?

세조와 공신, 피의 의식의 진실

그날 굉장히 심상치 않은 장면입니다. 오밤중에 모여서 입술에 피를 바르고, 도대체 왜 이러는 건가요? 마치 신비주의자들의 비밀 의식 같은데, 저게 실제로 있었던 사건이라는 거죠?

신명호 경복궁 북쪽에 위치한 회맹단은 다른 말로 북단이라고도 합니다. 회맹제[1]는 공신들과 왕이 모여서 천지신명 앞에 영원히 변치 않고 함께 하겠다는 의미로 제사를 지내는 거죠. 그러고 나서 맹서의 표시로 다 같이 짐승의 피를 마셔요. 삽혈이라고 해서 원래 마실 삽(歃) 자인데, 마시는 게 좀 심하다 해서 뒤에 입에 바르는 것으로 바뀝니다. 중국에서는 백마나 소의 피가 쓰였다고 하는데 조선에서는 소, 닭, 돼지 등의 피가 쓰였습니다.

그날 동물의 피에는 주술적인 의미가 있지 않나요?

신명호 그렇죠. 보통 맹서의 마지막 문구가 뭐냐면 '맹서를 어기면 천벌을 받을 것이다'예요. 이건 신 앞에 하는 거고, 천벌을 안 받으면 거기 참여한 동료들이 인벌이라도 내려서 맹서를 지키게 하겠다는 거죠.

혈맹의 유래

그날 회맹도 그렇고, 안중근 의사도 손가락 잘라서 혈서 쓰고 그러잖아요. 이렇게 피로 무언가를 맹세하는 혈맹 의식이 언제부터 있었던 건지 궁금해요.

신병주 중국의 대표적인 고전인 『시경』에도 이런 대목이 나와요. "개, 양, 닭 삼물의 피를 내어서 맹약을 한다" 사마천[2]의 『사기』에도 춘추전국시대에 패권을 다투던 제후국들, 대표적으로 제나라 환공 같은 사람이 충성을 맹약하는 방안으로 자주 이런 의식을 합니다. 혈맹은 중국 고대부터 이어지고 있던 거라고 봐야죠.

공신들에게 주어진 혜택

그날   혈맹이 역사가 제법 오래된 의식이었네요. 공신들 입장에서는 부와 명예를 보장하는 공신첩 같은 걸 바랐을 텐데, 실제로 어떤 걸 받았나요?

신명호   왕조 국가에서 개인이 받을 수 있는 최고의 기득권을 주죠.[†] 수천, 수십 만 평의 땅을 주고요. 수십 명의 노비를 주고 대대손손 자손들이 관직에 오를 수 있는 특권을 줍니다. 또 사형죄를 1등 감하게 해서 절대 사형되지 않도록 하죠. 헤아릴 수 없이 많은 특권들이 있습니다.

신병주   지금도 상품 없이 상장만 주면 굉장히 싫어하잖아요. 상장에 딸린 상품, 즉 부상이 관직도 될 수 있고, 토지가 될 수도 있는 거죠.

그날   역대 왕들이 다 공신 책봉을 했었나요?

신병주   그렇진 않습니다. 대표적으로 세종 대에는 공신 책봉이 전혀 없었어요. 공신이 없다는 건 그만큼 안정된 시대였다는 뜻이라고 볼 수도 있죠. 주로 정치적인 격변이 많은 시대에 공신 책봉이 잦거든요. 건국, 정치적 변란, 전쟁, 반정 등 위기를 극복한 후에 공신 책봉이 이루어지는데 세조 때만 무려 세 번이나 공신을 책봉해요. 비율로 치면 상당히 많은 거죠. 그만큼 세조 대 정국이 어지러웠음을 보여 주는 거죠.

> † 일등 공신에게는 전토 1백 50결, 노비 13명, 백금 50냥 등과 시종 7인, 병졸 10명을 하사하고, 직계아들은 관리로 채용하며 자손은 비록 죄를 범하는 일이 있더라도 죄를 용서하심이 길이 세대에 미침이 있도록 하소서.
> ─ 『세조실록』 1년 9월 10일

수양대군은 단종에게 충성을 맹세했다?

그날   계유정난 이후에 수양이 일등 공신으로 책봉됐던 걸로 기억하는
데, 그러면 수양도 단종 앞에서 이런 회맹을 했던 건가요?

신명호   당연히 했죠. 그때 맹서한 내용을 보면 '내가 단종을 배신하지
않고 어른이 될 때까지 끝까지 보조하겠다. 맹세한다' 이렇게 맹
서를 했는데 2년 있다가 스스로 그 맹서를 어긴 거죠.†

그날   그러고서 본인은 자기 공신들하고 다시 회맹을 했다는 거군요.

신명호   그렇죠. 공신들에게 충성을 요구한 거죠.

> † 군신이 한몸이 되어 지성으로 서로 더불어, 기쁜 일과 슬픈 일을 같이하여 각각 그
> 직임을 다하고, 천록을 함께 보전하라. 자손 만세토록 오늘을 잊지 말 것이되, 혹 어김
> 이 있으면 신명이 반드시 죽일 것이니, 이 서언(誓言)을 마음에 간직하여 종시 변하지
> 말라.
> ─『단종실록』 1년 11월 20일

공신의 시대

세조가 사실상의 권력을 쥐었던
단종 대부터 예종 대까지
모두 네 차례에 걸쳐 공신이 책봉된다.

계유정난 이후 한명회, 신숙주를 포함한 43명의 정난공신,
세조 왕위에 오른 직후 책봉된 46명의 좌익공신,
이시애의 난을 평정한 무인들이 중심이 된 45명의 적개공신,
남이의 역모를 진압한 39명의 익대공신이 그들이었다.

특히 세조 시대 주요 요직의 대부분을
공신들이 차지하며 정치권력을 독점하고
조선 시대 최고의 기관이었던 의정부의 삼정승 역시
정인지, 신숙주, 한명회 등 공신들에게 돌아갔다.

이른바 공신 중심의 정국이 형성된 것이다.

세조가 공신을 중용한 이유

그날   세조 치세가 14년밖에 안 되는데 거의 공신들 판이라고 볼 수도 있는 상황이군요. 목숨을 건 쿠데타 동지들끼리 권력을 나누겠다는 건 이해하는데, 세조는 좀 과하다 싶어요. 당시 정치권력 구조를 보면 공신들의 위치와 영향력을 알 수 있을 것 같아요.

신명호   당시는 지금 같은 민주주의 시대가 아니고 왕조 국가 시대거든요. 왕조 국가의 권력 구조를 보면 종친과 외척, 공신이 일종의 이너서클로 기능합니다. 왕과 사적 관계를 맺는 핵심 세력들이죠. 나머지 대신들은 전부 공적 관계죠. 관료 조직을 대표하는 사람들입니다. 세종 대의 정치 구조를 살펴보면 태종이 종친과 외척, 공신들을 거의 다 숙청해서 없앴습니다. 그래서 세종 대에는 의정부 대신들과 삼사 및 집현전 관료들, 즉 공적 관계를 중심으로 왕조가 운영됐죠. 그러다가 세종에 이어 문종까지 돌아가시고 어린 단종이 왕위에 올랐습니다. 대신들이 모든 걸 주도하는 상황이 된 거죠. 수양대군은 그 상황이 너무 위험하다고 생각했습니다. 왕도 유명무실하고 종친이나 외척도 없고, 완전히 대신들의 나라가 된 거예요. 그걸 막으려면 과거의 핵심 세력과 손잡을 필요가 있었죠.

그날   당시 종친과 외척이 거의 유명무실해졌기 때문에 공신들밖에는 힘을 합칠 만한 세력이 없었겠군요.

신병주   그렇죠. 세조 대 정치사의 특징은 연이어 발생한 역모예요. 계유정난이 일어난 직후 함경도에서 이징옥[3]이 반란을 일으켰고, 사육신이 주도한 단종 복위 운동도 있었죠. 또 동생인 금성대군의 역모 사건과 이시애의 난까지, 이렇게 여러 차례 변란이 일어나면서 결국 그 변란을 진압한 세력들이 부상합니다. 역모가 계속 일어나니까 믿을 수 있는 사람은 공신뿐이라는 인식이 강해지는 거죠.

공신의 양산이 오히려 왕권을 위협하지는 않았을까?

그날 　세조가 왕권 강화를 위해서 굉장히 노력했다는 이야기를 많이 들었는데, 공신들을 계속 중용하면 결국 본인의 지향점과는 반대되는 결과를 낳게 되잖아요.

신명호 　그건 나중의 문제죠. 계유정난 당시 수양대군 곁에 모였던 공신 세력들에게는 대신들의 힘이 너무 강하다는 문제의식이 있었습니다. 공신들은 강한 왕권 아래 신권이 종속돼야 국가가 안정된다고 생각하는, 일종의 국가론자들이에요. 한명회도 그렇고 권람도 그렇죠. 공신들을 왕의 이너서클이라고 했잖아요. 왕과 공신들이 어떤 관계를 맺느냐 하는 건 정난이 성공한 다음의 문제였던 거죠.

그날 　세조 시대 공신들이 정확히 누구누구였나요?

신병주 　세조의 집권 기간이 그렇게 길지 않아요. 14년이거든요. 그래서 예종, 성종 대까지 이 공신들이 쭉 이어지는 거예요. 이게 조선 전기 공신의 특징인데, 세조 대부터 성종 대까지 총 다섯 번의 공신 책봉이 있었는데, 한명회, 정인지, 신숙주가 총 네 번씩 책봉됩니다. 가장 많죠.

그날 　이미 공신으로 책봉됐는데, 또 되고 또 되는 거예요?

신병주 　네, 다섯 번 가운데 네 번이나 공신으로 책봉되는데, 그중에서도 한명회는 계속 1등이에요. 신숙주는 처음에는 2등이었지만 나머지 세 번에서는 1등으로 올라가죠.

그날 　정난공신들이 다른 공신들 중에서도 제일 순도가 높은, 가장 인정받는 공신이었다는 얘기죠?

신병주 　그렇죠. 정난공신들이야말로 가장 불안한 시기에 충성을 바친 사람들이니까요.

조선 전기 최고의 공신,
한명회의 부와 권력

서울의 압구정동에는
지명의 유래를 말해 주는 표지석이 하나 놓여 있다.

세조 대 최고의 공신으로 손꼽히는 한명회,
그가 소유했던 정자 이름이 압구정이었다.

중국 사신이 찾아가 보길 청할 정도로
수려한 풍광을 자랑했던 압구정은
정자라기보다는 호화로운 별장에 가까웠다.

서른여덟이 돼서야 말단 관직을 얻었던 한명회가
공신이 되고 영의정이 되기까지는
불과 12년밖에 걸리지 않았다.

초고속 승진과 더불어 재물도 쌓였다.
경기 여주의 한 고을 전부를
자기 땅으로 삼을 정도였고,
한명회의 집은 그에게 잘 보이려는 사람들로
연일 문전성시를 이뤘다.

재상들이 이곳에서 나온다는 말이 돌 정도로
한명회는 공신으로서 부와 권세를 누렸다.

겸재 정선, 「압구정도」, 성 베네딕도회 왜관 수도원 소장

세조의 일등 공신, 한명회

신병주　당시에는 한강 변에 정자가 몇 개 없었어요. 지금은 한강 주변에 아파트가 들어서 있는데, 그때 정자라고는 망원동 근처에 효령대군이 세운 희우정이 있었고, 한남동 근처에 제천정, 건국대학교 옆에 화양정, 뚝섬 부근에 낙천정 이렇게 네다섯 개밖에 없었어요. 그런데 여기에 이토록 화려한 정자가 세워졌다는 건 당시 한명회의 권력과 위상을 압축적으로 보여 주죠.

그날　노년에 한명회가 이런 시를 남긴다고요.

> 청춘에는 사직을 붙들고,　　青春扶社稷
> 늙어서는 강호에 누웠네.　　白首臥江湖

이게 압구정에서 지은 시예요.

신병주　한명회가 자신의 위상을 과시하는 건데, 김시습이 이걸 보고 재치있게 패러디를 해요.

> 청춘에는 사직을 위태롭게 하고,　青春亡社稷
> 늙어서는 강호를 더럽혔네.　　白首汚江湖

중간에 글자 하나를 바꿔서 한명회를 비꼬는 거죠.

신명호　김시습은 생육신[4]의 한 명이니까 정난공신들을 전혀 인정하지 않거든요. 계유정난을 쿠데타라고 생각하죠. 때문에 쿠데타로 권력을 얻은 수양대군이나 한명회를 전혀 인정하지 않고, 반대 입장에서 그렇게 얘기하는 거죠.

그날　한명회는 결국 줄을 잘 선 게 아닌가, 그런 생각이 들거든요. 세조를 만나기 전까지는 별 볼일 없는 사람 아니었나요?

신명호 한명회 하면 과거에도 계속 떨어지고, 칠삭둥이에 못생긴 이미지가 보편적이잖아요. 사실 한명회는 명문가의 후손입니다. 청주 한씨 집안의 귀공자였죠. 그래서 어릴 때부터 명문가 자제들하고 놀죠. 가장 친한 친구인 권람은 안동 권씨고, 친구들이 전부 대표적인 개국공신 집안 출신이에요. 한명회는 이렇게 집안 배경도 좋고, 머리도 좋은데 과거시험만 봤다 하면 자꾸 떨어졌대요. 아마 필기시험에 약한 타입이었나 봐요.

신병주 그런 사람 있죠, 유독 시험에만 약한 사람이요.

신명호 한명회가 권력을 잡기 전에 개성에서 경덕궁지기를 했다는데, 경덕궁은 태종 이방원이 왕이 되기 전에 살던 사가입니다. 거기서 궁궐지기를 했으니 얼마나 못난 사람이냐 싶은데, 궁궐지기라고 무시할 게 아니에요. 어쨌든 관원이잖아요. 아무리 말단직이라지만 과거도 통과 못 한 사람이 들어갈 순 없죠. 한명회는 음서[5]로 그 자리에 들어갔어요. 아시다시피 음서는 고관대작의 후손이 특채로 임관하는 거거든요.

신병주 그때 또 재미난 일화가 있어요. 한명회가 개성에서 경덕궁지기를 할 적에, 명절이라 개성부 관원들이 만월대에서 연회를 하다가 개성으로 파견된 서울 출신 관원들끼리 계를 만들자는 얘기가 나와요. 이때 한명회가 자기도 끼워 달라고 하는데, 궁궐지기는 좀 미천하니까 무시한 거죠. 그런데 계유정난 후에 한명회가 일등 공신에 책봉되고 계속 출세하니까 이 사람들은 아쉬운 거예요. 그때부터 하찮은 지위나 세력을 믿고 남한테 오만하게 구는 사람들을 송도계원이라고 불렀대요.

그날 정말 재밌는 얘기네요.

신병주 한명회 인생에서 제일 중요한 인물이 바로 권람[6]이에요. 권람은 아버지가 권제고, 할아버지가 권근인데요. 권근은 태종의 대표

참모로 유명했고, 권제는 세종 때 「용비어천가」를 쓰는 데 참여했던 학자죠. 근데 권람도 시험 징크스가 있었는지 과거에 합격을 못해요. 그러니까 한명회랑 잘 통하는 거예요. '우린 정말 똑똑한데 시험운이 없어' 이렇게 서로 격려하다가 친해진 거죠.

신명호　그래도 권람은 정신 차리고 공부해서 나중에 장원으로 과거 급제했어요.

그날　아, 나중에 됐어요?

신명호　네. 자기는 계속 떨어지는데 친구만 떡 하니 과거에 합격해 오면 기가 죽을 거 같잖아요? 근데 한명회는 그러지 않았어요. '시험은 네가 잘 볼지 모르지만, 일을 도모하는 데는 내가 낫다' 하면서 자신만만해 했다고 해요.

신병주　그때 한명회가 권람에게 이런 말을 해요. '지금 어린 왕이 즉위해서 조정에 여러 왕자들이 설치는데, 이때 수양대군 같은 사람이 나서야 한다' 권람이 그걸 듣고 수양대군에게 전하니까 수양이 '한명회가 누구냐? 한 번 보자' 한 거죠.

그날　그 얘기 들으니 드라마 「정도전」에서 정몽주가 이성계에게 정도전을 추천하던 장면이 떠오르네요.

신명호　역시 친구를 잘 둬야 합니다.

세조의 또 다른 일등 공신, 신숙주

그날　세조 때 핵심 공신 중 한명이 신숙주인데, 사실 신숙주는 한명회랑 성격이 좀 다르잖아요. 집현전 학자 시절에 세종의 총애를 받기도 했고 말이죠. 구태여 세조 쪽에 붙지 않더라도 앞길이 충분히 보장되어 있었을 텐데 왜 이런 선택을 했을까요?

신병주　사실 신숙주뿐 아니라 성삼문이나 정인지, 최항 같은 집현전 학자들이 상당수 계유정난에 참여를 해요. 집현전 학자들도 김종서나 황보인과 같은 대신들을 견제하고자 했거든요. 젊은 학자들이 봤을 때, 대신들이 너무 오랫동안 권력을 차지한 거죠. 실제로 성삼문은 정난공신 3등에 책봉되었어요.

신명호 아시다시피 집현전 학자들은 세종 때부터 수십 년간 공부하면서 국가를 위해 뭘 할까 준비하고 있었던 사람입니다. 기본적으로 세종 같은 강력한 왕이 신하들을 끌어가는 체제를 그리워하는 사람들이에요. 그런데 단종이 왕이 되면서 그 체제가 무너졌습니다. 대신들이 권력을 쥐고 집현전 학자들을 소외시켰죠. 당연히 대신들에 대한 비판 의식이 생깁니다. 그때 수양대군이 국가가 바로 서려면 왕권이 바로 서야 한다면서 대신들을 몰아내겠다고 했고, 집현전 학자들도 거기에 동의한 거죠. 이분들이 훗날 사육신, 생육신이 되어서 단종 복위를 도모한 건 수양대군이 거기서 멈추지 않고, 조카를 내쫓고 직접 왕이 된 것에 대한 반발이에요.

그날 성삼문과 신숙주가 그런 입장을 극명하게 보여 주네요.

신명호 신숙주는 권력에 있어서는 명분보다 현실이 중요하다고 판단해서 세조 편에 섰던 거겠죠.

그날 신숙주 역시 세조의 총애를 받으면서 초고속 승진을 하잖아요? 어느 정도였나요?

신명호 사실 수양대군을 왕으로 만든 핵심 참모 두 명을 꼽으라고 하면 무조건 한명회와 신숙주예요. 그래서 세조도 늘 '한명회는 나의 장량[7]이고, 신숙주는 나의 위징[8]이다' 이렇게 말해요. 여기서 장량은 꾀주머니로 유명한 장자방입니다. 장량은 유방이 항우를 물리치고 한나라를 세우는 데 결정적인 역할을 했던 사람이죠. 한명회를 장량에 빗대건 그를 자신의 꾀주머니라고 생각한다는 뜻입니다. 또 위징은 당 태종을 도와 중국 역사상 가장 찬란한 시기였다는 '정관의 치'를 이룬 재상인데요. 신숙주를 위징에 비한 것은 과거를 거쳐 집현전 학자로 이름을 날린 정통 관료로서 신숙주가 자신을 당 태종같이 만들어 줄 거라고 생각했다는 뜻이죠.

공신들에게 살인 면허를 주다

그날 뭐든지 과하면 탈이 나게 마련인데, 공신들에게 무한한 권력과 부를 줬을 때 부작용 같은 건 없었나요?

신병주 대표적인 사례가 한명회의 경우인데, 한명회도 눈치가 워낙 빠르니까 세조 때는 특별히 위험한 행동을 하지 않아요. 그러다 성종 때 일이 터지죠. 성종이 한명회의 압구정이 워낙 유명하니까 명나라 사신을 거기서 좀 접대하라고 명을 내려요. 근데 한명회가 '정자가 좁고 날씨가 더워서 손님을 모시기에 부적절하다. 꼭 압구정에서 해야 한다면 왕실에서 쓰는 용봉차일을 보내 달라' 이렇게 요구해요. 황당한 거죠. 감히 왕실 물건을 내 달라니 어처구니가 없는 거죠. 그래서 성종도 화가 나서는 그럴 거면 그냥 그만두라고 하죠.†

그날 너무 키워놨더니 이런 문제를 일으키네요.

신병주 홍윤성이라는 사람 역시 정난공신에 책봉된 사람인데, 윤덕녕이라는 여인이 이 사람의 비리를 밝혀요. 이 여인도 참 대단한 게 계속 억울함을 하소연하니까 결국 왕의 귀에까지 들어갑니다. 본래 이 여인네 집안과 홍윤성 집안이 땅 문제로 다툼을 벌였어요. 그러다가 홍윤성네 종 김석을산이 윤덕녕의 남편을 때려죽인 거예요. 그러니까 대간들이 홍윤성을 벌해야 된다고 계속 얘기를 해요. 그런데도 세조는 홍윤성이 공신이고 자신의 측근이니까 이 일을 그냥 덮어 버려요.

그날 공신들에게 많은 혜택을 줬다는 건 알았지만 살인 면허까지 줬는지는 몰랐네요.

† "신의 정자는 본래 좁으므로 지금 더운 때를 당하여 잔치를 차리기 어려우니, 해사 (該司)를 시켜 정자 곁의 평평한 곳에 대만(大幔)을 치게 하소서" 하니, 전교하기를, "그대가 이미 중국 사신에게 정자가 좁다고 말하였는데, 이제 다시 무엇을 혐의 하는가? 좁다고 여긴다면 제천정에 잔치를 차려야 할 것이다" 하였다.
— 「성종실록」 12년 6월 25일

"제가 홍윤성의 불법(不法)한 일을 다 말하려 하여도 모두 마땅히 말할 바가 아니나, 제 지아비를 죽인 일은 하루아침 하루저녁의 연고가 아닙니다. 지난해 가을에 홍윤성이 처음 정승이 되니, 고을 사람이 모두 한 시골에서 드물게 있는 일이라 하여 관노비 2구를 주었습니다. 당시 첩의 지아비는 유향소의 장무였는데 홍윤성에게 건장한 노비를 주지 않았다며 곤장을 때려 거의 죽게 되었습니다."
— 「세조실록」 14년 2월 22일

"대간이 연명으로 상소하여 극진하게 간하였는데, 내가 네게 죄를 가하지 않는 것을 뉘우치고 반성하는 말이 심히 절실하고 지극하기 때문이니, (중략) 홍윤성에게 명하여 술을 올리게 하였다."
— 「세조실록」 14년 3월 3일

술로 진심을 살피다

그날   홍윤성에게 술을 올리도록 했다는 건 무슨 뜻입니까?

신명호   정치하는 사람에게 술자리는 소통의 자리기도 하죠. 특히 세조가 술자리에서 사람 모으는 걸 좋아해요. 홍윤성도 워낙 술을 좋아하니까 세조가 '한 번 봐 주는 거야, 잘해' 이런 식으로 마무리 지은 거죠.

그날   아, 혼낸 다음에 달래 주는 식이군요.

신병주   세조는 마무리를 대개 술로 해요. 술자리가 많다 보니까 여러 가지 일들이 생기죠. 일례로 신숙주가 술에 취해서 크게 실수한 일이 있어요. 세조가 술자리에서 신숙주한테 팔씨름 내기를 건 거예요. 처음에는 세조가 이겨요. 신숙주는 문신 출신이라 약한 반면에, 세조는 무장 같은 면모를 많이 보였잖아요. 신숙주가 말짱

한 정신이었으면 '전하, 대단하십니다' 하고 물러났을 텐데, 이 사람도 취해서 오기가 생긴 거예요. 그래서 '한 번 더 해 보시죠' 이렇게 된 거죠. 신숙주가 순간적으로 확 넘겨서 두 번째 판을 이겼어요. 이걸 다 보고 있던 한명회는 이거 큰일이다 싶은 거예요. 세조는 술이 세니까 분명 다 기억할 거거든요. 그래서 신숙주의 종에게 신숙주 집의 촛대를 모두 숨기도록 시켜요. 신숙주는 밤늦게 책 보는 습관이 있는데, 이 사람이 분명 비몽사몽간이라도 책을 볼 거라고 생각한 거죠. 만약 그걸 세조가 알면 '저놈이 술을 빙자해서 나를 넘긴 거로구나' 이렇게 생각할 것 같으니까 그러지 않도록 촛대를 숨긴 거죠. 그런데 정말 세조가 신숙주 집에 가 본 거예요. 집에 불이 다 꺼져 있으니까 세조도 '신숙주가 정말 술에 많이 취해서 그랬구나' 하고 넘어갔다는 이야기가 있어요.

그날   정말 재밌어요. 선생님, 하나 더 해 주세요.

신명호   제가 더 할까요? 술자리가 소통의 자리기도 하지만 왜 취중진담이라는 말도 있잖아요. 세조는 술김에 본심이 나올 때까지 신하들에게 계속 술을 먹이는 거예요. 그 때 애들이 나한테 어떻게 하나 보고 싶었던 거죠. 여기에 걸려든 게 대표적으로 두 사람인데, 그중 한 명이 정인지예요. 정인지가 워낙 술에 취해 세조에게 '네가 그럴 수가 있느냐' 이렇게 말한 거예요. 그때 안 거죠. '아! 정인지가 나를 진심으로 지지하지 않는구나' 그 후로 세조는 정인지에 대한 신임을 거두고 그를 권력에서 배제시키죠. 또다른 한 명이 양정[9]인데요. 양정은 세조가 특히 좋아했던 무신이에요. 세조는 양정을 평안도로 보내서 이시애의 난 이후 소란해진 북쪽을 안정시키게 해요. 그리고 몇 년 후에 양정이 한양으로 돌아왔을 때, 세조가 수고했다고 술을 주죠. 근데 양정이 또 술에 취해서 '한 십여 년 했으니까 충분하지 않습니까? 이제 그만하시죠' 이렇게 얘기했다는 거죠. 그 이야기를 들은 세조가 머리 끝까지 화가 나서는 양정의 목을 칩니다.

그날   살인죄도 봐줬던 세조가 자기에게 도전하는 데는 용서가 없었군 요. 공신인데도 죽인 유일한 경우네요.

신명호   공신은 사나운 맹수 같은 사람들이에요. 이 사람들은 혼자 앉아 고민하는 몽상가가 아닙니다. 필요하다 싶으면 칼부터 들고 일 어서는 활동가입니다. 왕 앞에서야 '전하' 그러지만 뒤 돌아서면 '내가 개 왕 만들었어' 이러는 사람들이에요. 수틀리면 언제 뒤 집어엎을지 모릅니다. 그 원수 같은 공신들을 어떻게 통제하느 냐 하는 것이 매우 중요하죠.

토끼가 죽으면 사냥개를 삶는다, 중국의 공신 숙청

최원정   외국에도 공신을 숙청한 예가 있나요?

신명호   아까 한 고조와 당 태종 이야기 했잖아요. 한 고조를 도운 대표 적인 인물이 책사로서는 장자방이고 군사령관으로는 한신이라 는 사람이죠. 둘의 말로가 어떠냐면 토사구팽이라고 하죠. 사냥 이 끝났으니 사냥개는 결국 삶아 먹히죠. 실제로 한신은 장군 출 신에다 야심이 많은 사람이어서 몇 번이고 역모를 일으키려다 결국 처형당하죠. 하지만 장자방은 눈치 빠른 책사예요. 그는 권 력에 뜻이 없음을 보여 주기 위해 일부러 도인처럼 삽니다. 속세 에 미련을 전부 끊은 것처럼 해서 끝까지 살아남죠.

신병주   중국 역사에서도 역대 황제들이 한 고조의 예를 본받아서 공신 들을 숙청합니다. 특히 명의 홍무제는 10여 년에 걸쳐 5만 명의 공신들을 죽여요. 명나라에도 세조와 비슷한 사례가 있잖아요. 영락제[10]가 조카를 몰아내고 왕이 됐죠. 영락제가 원래 번왕[11]으 로 있다가 난을 일으킨 거거든요. 자기가 번왕 출신이다 보니 아무래도 번왕들이 계속 신경 쓰이는 거예요. 사병으로 왕자의 난을 일으켰던 태종이 왕이 되자마자 사병 혁파했던 것처럼 영락제도 바로 번왕 해체에 들어갑니다. 이렇게 역사상 공신의 등용과 숙청은 상당히 자연스러운 논리였어요. 그러니 세조도 그런 경험들을 염두에 두었겠죠.

태종의 정치 vs 세조의 정치

그날　세조와 가장 많이 비교되는 왕이 태종이잖아요? 부정부패는 용서해도 불충은 용서 못 하는, 그런 면에서는 굉장히 비슷하네요.

신병주　그렇죠. 세조와 태종 둘 다 쿠데타로 왕이 됐죠. 태종은 왕자의 난이라는 쿠데타로, 세조는 계유정난이라는 쿠데타로 정권을 잡죠. 또 왕권을 강화하고 중앙 집권 체제를 만들었다는 점에서도 상당히 닮아 있습니다. 둘의 차이점이라면 태종은 공신이나 외척의 숙청, 이런 부분에서는 잔인할 정도로 엄격했지만 정작 자기 동복형제들은 죽이지 않았어요. 이복형제만 죽였죠. 그런데 세조는 안평대군, 금성대군 같은 동복형제들도 죽였다는 거예요. 어찌 됐든 태종은 왕자의 난 이후에 형 정종을 먼저 왕위에 올리고 절차를 바로잡으려는 모습을 보였는데, 세조는 선왕의 유언을 저버리고 조카의 왕위를 빼앗는 것도 모자라 조카를 죽이기까지 하죠. 이런 점들은 비난할 수밖에 없죠. 사실 태종이 벌인 숙청들에 대해서는 큰 반발이 없었던 데 비해, 세조에 대해서는 당대에도 단종 복위 운동이 일어났잖아요. 심지어 세조는 수백 년이 지난 지금까지도 비난의 꼬리표를 떼지 못하고 있고요.

그날　형제를 죽여도 등급이 있다는 거예요. 아버지의 자리, 즉 왕위 계승권을 놓고 형제들과 다투는 것 하고 조카 자리를 뺏는 건 완전히 다른 일이죠.

태종이 가장 경계했던 정치 세력은?

그날   세조는 가장 위협적인 세력으로 대신들을 뽑았는데 태종은 어땠나요?

신명호   태종 이방원에게 가장 위협적인 세력은 사실 계모인 신덕왕후 강씨, 즉 외척이었죠. 태종은 외척을 견제해야한다는 생각을 일종의 신념처럼 품고 있었어요. 그걸 근거로 왕자의 난을 일으키죠. 왕이 된 이후에도 외척을 잔인할 정도로 숙청해요. 거기에 일부 공신들과 종친들이 같이 숙청된 거고요. 태종은 외척과 공신, 종친들을 모두 왕권을 위협하는 세력으로 봤죠. 그러면 국가를 떠받치는 핵심 세력은 뭐냐? 역시 관료 집단이라는 거예요. 당연히 양반 관료들이 태종을 좋아했겠죠. 그런데 이렇게 되면 태종 스스로 자신을 둘러싼 이너서클을 약화시킨 형태가 돼요. 세조가 보기에 왕실이 약화된 데는 대신의 권력이 너무 커진 탓도 있지만 외척, 종친, 공신들을 지나치게 숙청했기 때문이기도 한 거죠. 어떻게 보면 이너서클은 양면의 칼입니다. 왕실을 호위하는 마지막 힘이기도 하고 왕실에 도전하는 큰 위협이기도 하죠. 이걸 어떻게 쓰느냐가 왕의 능력이고요. 만약 태종이나 세종이 외척을 키웠다면 단종 비극 같은 건 없었을 거예요. 외척이 어떻게든 막아 줬을 테니까요. 그런 약점을 이용해 집권한 세조는 외척과 공신 세력을 키워서 왕실의 이너서클을 확대하죠. 반대로 양반 관료 집단은 억압하고요. 이러니 자연히 양반 관료들이 반발을 할 수밖에 없죠. 권력을 쟁취하는 과정도 그렇고, 공식적인 양반 관료 집단을 외척이나 공신 같은 비공식 조직 밑에 놓으니 유교 명분에도 전혀 안 맞는 겁니다. 그래서 조선 역사에서 연산군 이상으로 욕을 먹은 왕이 바로 세조입니다.

심층 해부! 태종과 세조의 마음을 읽어 보다

그날   태종과 세조 둘 다 난을 일으켜서 왕이 됐지만 정작 공신을 대우

하는 방법이 굉장히 달랐다고 하죠. 시대 상황의 차이도 있었겠지만 두 사람의 심리도 역시 어느 정도 영향을 미쳤을 것 같아요. 이런 부분에 대해 정신과 전문의 신용구 선생님 모시고 이야기 나눠 보겠습니다. 안녕하세요, 선생님.

신용구 네, 반갑습니다.

그날 정신 분석적으로 볼 때 태종과 세조는 어떤 차이가 있을까요?

신용구 태종의 경우는 본인 스스로가 개국공신이었죠. 아버지의 오른팔이자 동반자였는데, 결국 아버지에게 배척받게 됩니다. 아버지의 사랑이 계모인 강씨에게 흐르면서 건국에 아무 공도 없는 이복동생들이 왕위를 넘보게 되죠. 이런 상황에 대한 분노가 왕자의 난으로 표출된 겁니다. 하지만 세조는 본래부터 정치적 야심이 굉장히 컸습니다. 일찍이 그것을 감지한 대신들이 자기를 위협하니까 거기에 불안을 느낀 세조가 생존 투쟁의 일환으로 정변을 일으킨 거죠. 세조는 자기 정권이 가진 태생적인 한계 때문에 거세 불안에 시달리고 있었습니다. 그 불안을 해소하기 위해서 권력을 사유화하는 우를 범하게 된 것이죠.

그날 세조와 태종의 길을 가른 근본 원인이 어디에 있다고 봐야 할까요?

신용구 저는 그 원인이 부자 관계의 갈등에 있다고 생각합니다. 태종의 형제들은 대개 평범했습니다. 하지만 세조의 형제들은 모두 뛰어난 사람들이었죠. 형 문종은 아버지 세종을 닮아 학문에 뛰어났고, 셋째 안평대군도 예술적인 재능이 특출한 사람이었거든요. 형제들이 모두 똑똑하다 보니 세조 입장에서는 아무리 노력해도 아버지에게서 충분히 인정받지 못한다고 생각했을 겁니다.

그날 태종과 달리 세조가 공신들을 중용한 이유는 역시 부자 간의 갈등 때문이다, 이렇게 볼 수 있는 건가요?

신용구 세조는 거사 이후에 두 차례의 형제 살인을 저질렀습니다. 사실 쿠데타에 참여했던 공신들은 형제의 또 다른 표상이라 할 수 있죠. 따라서 이들을 해치는 건 세조가 안고 있던 형제 살인에 대한 죄책감을 가중시키는 일입니다. 세조로서는 견디기 힘든 문제였을 테죠.

그날　역사에는 그려지지 않은 왕들의 내면 심리까지 살펴보니 굉장히 흥미롭네요. 오늘 말씀 감사합니다. 공신을 중용했지만 항상 내재된 불안에 시달렸던 세조, 그 불안감이 폭발하는 사건이 또 발생합니다.

기세등등했던 공신들,
역모 고변에 휘말리다

세조 13년 되던 해,
옥사에 당대의 거물들이 갇히는 사건이 일어났다.

갇힌 이들은 신숙주와 한명회로 대표되는
당시 세조의 최측근, 공신들이었다.

임금이 총애를 한몸에 받던
공신들의 투옥 사건,
대체 어떻게 된 일일까?

며칠 전 함길도에서는
토호인 이시애를 중심으로 반란이 일어났다.

그런데 이번 반란에
한명회와 신숙주가 관련됐다는
고변이 올라온 것이다.

뚜렷한 증거가 없음에도 불구하고
신숙주, 한명회에게 내려진 하옥 명령

평소 공신의 죄를 묻지 않던 세조의 또 다른 행보였다.
과연 세조의 의중은 무엇이었을까?

이시애의 난과 세조

그날 　세조 대를 대표하는 두 공신 한명회와 신숙주가 하옥됐어요. 아무리 역모에 가담했다는 고변이 있었다고 해도 먼저 당사자의 이야기를 들어 봐야 하는 거 아니에요? 그렇게 믿었던 신하들을 바로 하옥부터 시킨 이유가 있을까요?

신병주 　이때 세조는 건강도 좋지 않았고, 정권 말년으로 가면서 공신들에 대한 의심도 늘었어요. 거기에다 반란이 일어난 지역이 함경도라 더 그랬죠. 이징옥의 난이 함경도에서 일어났기 때문에 함경도를 예의 주시하던 상황에서 공교롭게도 신숙주의 아들인 신면이 함경도 관찰사로 있었거든요. 이런 정황들 때문에 바로 투옥을 명한 거죠.

그날 　신숙주의 심정은 어땠을까요? 자기는 충성을 바쳤는데 이런 수모를 겪다니, 세조에 대한 배신감 내지는 인생무상 같은 걸 느꼈을 것 같아요.

신병주 　이시애의 난이 정치 세력 교체에 있어 중요한 기점이 되는데, 세조 때부터 성종 때 까지 다섯 번의 공신 책봉에서 신숙주, 한명회가 유일하게 빠지는 게 이 적개공신이에요. 이때 완전히 새로운 인물들이 공신의 반열에 들어서게 되죠. 우선 이시애의 난 진압에 총사령관 역할을 했던 종친 구성군이 있습니다. 세조에게는 조카죠. 구성군을 도와서 난을 평정했던 남이, 강순과 같은 무장 세력들이 공신이 되어 요직에 앉게 됩니다. 그런데 이 사람들이 전부 20대예요. 공신 세력의 세대교체가 이뤄지게 된 거죠.

신공신 vs 구공신

그날 　세조가 줄곧 구공신에게 힘도 실어주고 여러 가지 특권도 주고 그랬는데 갑자기 왜 마음이 바뀐 걸까요? 반역도 무고라고 밝혀

졌는데 말이죠.

신명호 이시애의 난이 났을 때 세조의 상황을 살펴볼 필요가 있을 거 같아요. 집권 10년부터 세조가 심각한 피부병을 앓습니다. 종기 라고 하는데 거의 문둥병에 가깝다고 표현될 만큼 온몸에 퍼집 니다. 중병을 얻으면 사람이 변한다고 하죠. 아까 말한 양정도 아마 아픈 세조를 보고 속이 상했던 것 같습니다. 그때가 세조 12년인가 그랬거든요. 계속 변방에 있다가 오랜만에 왕을 뵈었 는데, 병 때문에 얼굴이 이상한 거죠. 그러니 순수한 마음에서 '그런 모습으로 계속 왕 하고 싶소? 형, 이제 다 그만 두고 쉽시 다' 이런 마음에서 했던 말이라고 생각하거든요. 그렇지만 세조 는 권력을 놓고 싶지 않은 거예요. 그렇게 믿었던 양정도 나더 러 왕 그만하라는데 다른 공신들의 속마음은 어떨까 되게 불안 한 거죠. 젊고 잘 나갈 때야 자신만만했지만 이제 세조는 몸도 마음도 다 약해진 거죠. 이시애의 난이 양정 죽이고 얼마 안 있 다가 벌어진 사건이거든요. 그러니 한명회, 신숙주도 병든 자신 을 버릴 가능성이 있다고 생각한 거죠.

신병주 한명회와 신숙주까지 의심하는 상황에서 믿을 사람은 가족밖에 없는 거예요. 구성군은 조카고 남이도 왕실의 친척이거든요. 또 이때 세조가 키우는 대표적인 인물인 강희맹, 강희안은 이종사 촌이에요. 말년에는 피를 나눈 혈육들이 자기를 지켜줄 거라고 생각했던 것 같아요.

그날 죽을 때가 되니까 피는 물보다 진하다는 것을 절감하는 거군요. 그런데 사실 정치 역학상 구공신들은 힘을 쓰게 내버려 두고, 그들을 견제하는 세력으로 신공신을 키운 게 아닌가 하는 생각 이 들어요. 그러면 노회한 정치가인 구공신들이 가만히 있지 않 겠죠.

신명호 물론 구공신들도 '세조가 우리를 토사구팽하려나 보다' 이런 눈치를 챘죠. 문제는 세조가 그리 오래 살 것 같지 않았다는 거예요. 죽음을 앞두고 세조 나름대로 마지막 정치 개편을 하자는 건데, 구공신들은 기다린 거죠. 세조가 살아 계실 때는 가만히 있지만 죽고 나면 어떻게 하겠다, 이런 궁리들을 하고 있었겠죠.

그날 세조의 의도가 무엇이었든 혹 떼려다가 혹 붙인 격으로 공신만 더 늘리는 부작용을 낳았네요.

신병주 속담에도 과유불급이라는 말이 있듯이 너무 과한 것은 미치지 못한 것과 같음을 제대로 보여 주는 상황이었죠.

5

남이 장군, 혜성과 함께 사라지다

　　남이는 한국사에서 가장 비극적인 인물 중 한 사람이다. 그 비극의 핵심은 젊은 나이에 이룬 탁월한 경력과 모반 혐의로 처형된 사실의 대조일 것이다. 남이는 17세에 무과에 급제하고 27세에 적개 1등 공신에 책봉되었으며 이듬해 병조판서가 되었지만, 몇 달 뒤 형장의 이슬로 사라졌다.

　　태종의 외증손이자 당대 최고 권세가였던 권람의 사위라는 사실이 보여 주듯 남이의 사회적 배경은 매우 화려했다. 그러나 그는 배경을 넘어서는 출중한 능력을 지니고 있었다. 남이는 17세의 어린 나이로 무과에 급제했다. 조선 전기 문과 급제 평균 연령이 30세 전후였고, 무과도 거의 비슷했음을 감안하면 놀라운 성취였다.

　　남이가 무장으로 두각을 나타낸 중요한 계기는 1467년 5월에 일어난 이시애 난이었다. 그때 남이는 혈기 넘치는 27세의 청년이었다. 이시애 군은 관군을 격파하며 철원까지 내려왔다. 세조와 조정은 크게 동요했다. 한명회, 신숙주 등 당대를 대표하는 대신들이 이시애와 연루되었다는 혐의만으로 하루아침에 하옥된 사실은 그런 뒤숭숭한 분위기를 또렷이 보여 준다.

　　세조 후반의 가장 큰 위기였던 이시애의 난을 진압한 결정적 계기는 7월 말의 북청 전투였다. 이 전투의 승리로 관군은 전황을 장악했다. 길주로 달아났던 이시애가 8월 12일 영동역에서 관군에 체포되어 참수됨으로써 반란은 넉 달 만에 종결되었다. 남이는 바로 이 북청 전투에서 뛰어난 활약을 펼쳤다. 『세조실록』에는 "남이가 진 앞에 출몰하면서 사력을 다해 싸우니 가는 곳마다 적이 쓰러졌다. 그는 몸에 4~5개의 화살을 맞았으나 낯빛이 태연했다"는 기록이 전한다. 이 전공으로 남이는 정4품 행호군에 임명되고 적개 1등 공신과 의산군에 책봉되었다.

남이의 활약은 계속되었다. 그는 건주여진을 공격해 우두머리인 이만주를 죽였다. 화려한 전공은 급속한 승진으로 이어졌다. 그는 이시애의 난이 종결된 직후 공조판서에 임명되고, 반년 뒤에는 오위도총부 도총관을 겸직했으며, 한 달 뒤에는 병조판서에 발탁되었다. 28세에 국방을 총괄하는 장관에 오른 기록은 한국사 전체에서 아마 그가 유일할 것이다.

남이의 운명은 예종의 즉위와 함께 비극으로 끝났다. 세조가 승하하기 15일 전 병조판서에 임명된 남이는 예종이 즉위하자마자 실각했다. 예종은 즉위 당일 남이를 병조판서에서 겸사복장으로 발령했다. 직책의 무게상 좌천이 분명했다.

남이의 역모는 그로부터 한 달 뒤 발각되었다. 10월 24일 병조참지 유자광은 혜성이 나타나자 궁궐에서 숙직하던 남이가 "묵은 것을 없애고 새 것을 나타나게 하려는 징조"라고 말했다고 고변했다. 남이는 즉시 체포되었다. 그는 처음에는 모반의 혐의를 강력히 부인했지만 혹독한 국문을 받으면서 결국 시인했고, 사흘 뒤 저자에서 거열형에 처해졌다.

실록의 기사를 면밀히 살펴보면 남이가 당시 정치에 어느 정도 불만을 갖고 있었던 것은 사실이지만, 그것이 과연 역모로까지 발전했는지는 분명치 않다. 때문에 조선 후기에 작성된 여러 야사들은 남이가 유자광의 음모로 죽었다고 기록하고 있다.

"백두산 돌은 칼을 갈아 없애고, 두만강 물은 말을 먹여 다하리. 남자 나이 스물에 나라를 평안케 하지 못하면, 뒤에 누가 나를 대장부라 부르리오." 남이가 이시애 난을 평정하고 지었다는 유명한 이 한시는 정치적 야망과 모반의 경계를 아슬아슬하게 넘나드는 것 같다. 이순신이 그랬듯, 그의 비극적 운명을 보면서 탁월한 무장에게 모반의 혐의는 어쩌면 숙명 같은 존재가 아닐까 생각했다.

남이장군,
혜성과 함께 사라지다

세조가 죽기 6일 전, 긴 꼬리를 문 혜성이 나타난다.
하늘의 질서를 무너뜨리는 불길한 징조라 여겨지던 별이다.

그리고 한 달 뒤, 남이 장군이 역모죄로 끌려왔다.
새로운 왕 예종에 불만을 품고 반란을 일으키려 했다는 것이다.

"혜성이 오래 머무르면 장군이 반역하고
큰 변란이 있다고 했습니다.
거사를 하고자 하는데 너의 생각이 어떠하냐고 묻기에……."

대역죄의 누명을 피할 수 없게 되자
남이 장군은 의미심장한 말을 남긴다.

"그것이 역모라면 옳소이다. 세조대왕의 유명을 받들어
간신배들을 모두 죽이지 못했으니 내가 대역 죄인이외다."

이시애의 난을 진압하고 여진족을 정벌한 공으로
28살의 젊은 나이에
파격적으로 병조판서의 자리까지 올랐던 남이 장군,
끌려온 지 3일 만에 급하게 제거됐다.

조선의 청년 장군 남이,
혜성처럼 나타나 혜성과 함께 사라졌다.

이름	한글	남이	한자	南怡	본관	의령
출생		1441년	**사망일**		1468년 10월 27일	

주요 이력

1457년 17세, 무과에 급제
1467년 27세, 이시애의 난 평정, 여진족 정벌
1468년 28세, 병조판서에 임명

남이 장군 이력서

혜성과 함께 사라진 남이 장군

그날   하늘의 예언자, 혜성은 그 등장만으로 굉장한 긴장감을 주네요.
오늘의 주인공 남이 장군에 대해서 여러분 얼마나 알고 계세요?
제가 어릴 때만 해도 남이 장군은 억울한 누명을 쓰고 죽은 장수
로 상당히 유명했는데, 요즘은 잘 모르는 것 같아요. 재미있는 건
남이 장군이 무속 신앙에서 굉장히 중요한 인물이래요. 무속인들
이 장군신을 모시는 경우가 많은데, 대표적인 경우가 최영 장군,
임경업 장군 이렇거든요. 억울하게 죽은 영웅, 피를 흘리고 죽어
간 장수, 이런 분들이 영험하다는 속설이 있다고 합니다.

신병주   최영, 임경업 이분들은 특수한 상황 때문에 억울하게 돌아가셨
지만 원래는 능력이 아주 뛰어난 분들이잖아요. 민간에서는 이
분들을 따름으로써 그 장군의 능력과 힘을 부여 받을 수 있으리
라는 희망을 품는 거예요.

그날   남이 장군에 대해서 조금 더 알려 주세요.

신병주   남이는 아주 젊은 나이인 열일곱 살에 무과에 급제했죠. 1467년
이시애의 난이 일어났을 때, 난을 평정한 공으로 적개공신 1등
에 책봉이 되었고, 또 건주여진 정벌에서도 뛰어난 무공을 발휘
해서 1468년에 병조판서에 임명됩니다. 하지만 안타깝게도 병조

판서에 임명된 지 15일 만에 자신의 후견인이었던 세조가 돌아
가시죠. 그 후 유자광의 역모 고변으로 처형을 당하고요. 남이는
아주 빠르게 성장했지만 그만큼 추락도 빨랐던 인물이었습니다.

김용철 순조 대에 그때까지 조선 역사 인물 가운데 분야별 1등을 뽑았
습니다. 덕에는 퇴계, 전략 전술에는 이순신을 뽑았는데, 무용
(武勇) 1등으로는 남이 장군이 뽑혔어요.[†]

그날 17세에 무과에 합격했다는 건 굉장히 빠른 거죠?

김용철 소년 장사라고 할 수 있습니다. 무과에 급제한 사람들 평균 연령
이 대략 30세 정도 되는데, 17세면 너무도 빠른 거죠.

그날 보통 서른 살에 취업하는데 혼자 열일곱 살에 취업한 거잖아요.
이순신 장군도 굉장히 늦게 급제한 걸로 알고 있고, 더군다나 재
수까지 하셨잖아요.

신병주 위인전에서는 말에서 떨어지셨는데도 다리를 동여매고 다시 출
전하는 걸로 그려지죠.

[†] 우리나라 제일의 인재를 누가 평가하여 정할 수 있으랴. 그러나 일찍이 나의 조부
께서 책 상자 속에 기록해 둔 자료를 얻어 본 『장전산고(長箋散稿)』의 기록으로 이다
음 사람으로 하여금 이분들에 대한 전(傳)이나 찬(贊)을 지어 존경하는 마음을 갖도
록 대비하는 바이다. 즉, 퇴계의 덕, 읍취헌 박은의 시, 간이 최립의 문, 반계 유형원의
경륜, 충무공 이순신의 도략, 청음 김상헌의 절의, 남이의 무용, 화담 서경덕의 천문,
박연의 악학, 황공도의 총명, 사계 김 선생의 예학, 정북창의 선술, 흥령의 산술, 원교
이광사의 필법, 하서 김인후의 풍채, 규암 송미수의 효행 등이다.
— 『오주연문장전산고』

무과, 그것이 궁금하다

그날 문과는 어떤 시험인지 대충 알겠는데, 무과는 잘 모르겠어요. 무
과는 도대체 뭘 시험 보는 건가요?

박금수 무과는 조선 태종 2년에 처음 실시되는데, 기본적으로 공정한 시

험을 통해 국가 병력의 기반이 되는 무인을 뽑는 시험입니다. 이때 무과를 시행함으로써 조선 초기부터 여러 가지 혼란의 원인으로 꼽혔던 사병 제도를 혁파하고 관제 개혁과 군제 개혁을 이룰 수 있었죠. 세조 때도 마찬가진데요. 특히 쿠데타로 집권한 정권이니만큼 민심 무마와 체제 안정을 위해 자신에게 충성을 바치는 무인들이 많이 필요했습니다. 그래서 문과에 비해 무과 합격자들이 많았어요. 세조 6년에는 문과는 고작 20명 뽑은 데 비해 무과는 1813명을 뽑기도 했습니다.

그날   어떤 과정을 거치나요?

박금수 정식 무과인 식년 무과의 경우에는 목전(木箭), 철전(鐵箭), 편전(片箭), 기창(騎槍), 기사(騎射), 격구(擊毬)의 여섯 가지 종목을 보았습니다. 우선 목전은 나무로 만든 가벼운 촉을 쓰는 화살로 240보 이상을 날려야 점수를 받을 수 있었어요. 철전은 매우 무거운 쇠촉으로 만든 화살을 80보 이상 날릴 수 있어야 합니다. 편전은 짧은 화살을 통아 또는 덧살이라고 부르는 총열[1]에 넣어서 쓰는 화살입니다. 이건 130보 거리에 있는 표적을 정확하게 맞춰야 점수를 받을 수 있었습니다. 기사는 5개의 표적을 50보 간격으로 놓고, 말을 타고 달려 나가면서 차례로 과녁을 맞히는 종목이었습니다. 기창은 기사와 마찬가지로 말을 타고 창을 쓰는 무예였습니다. 격구는 기마술을 몸에 익히기 위한 것으로 서양의 폴로와 비슷합니다. 즉 말을 타고 채를 써서 공을 치는 구기 종목이었습니다.

그날   편전은 많이 들어봐서 알 것 같아요. 「최종 병기 활」이라는 영화에서 박해일 씨가 쐈던 활이 편전이었을 거예요.

박금수 편전은 조선의 비밀 병기였습니다. 일단 크기가 작고 기본적으로 굉장히 낮게 날아옵니다. 보이지도 않는데 큰 타격을 줄 수

기사(위), **격구**(왼쪽 아래), **기창**(오른쪽 아래)

있어서 굉장히 치명적인 무기였습니다. 이 편전의 사용법이 국
경을 접하고 있는 여진족에게 넘어가는 것을 우려한 조선 정부
에서 국경 지역에서의 편전 연습을 금할 정도였습니다.

그날   기사는 말을 타고 달려야 하지만 기본적으로 명중률을 보는 거죠?
천천히 달리면서 쏘면 명중률이 훨씬 더 높아지는 거 아닙니까?

박금수   저렇게 꼼수를 좋아하시는 분들이 조선 시대에도 있었나 봅니
다. 그래서 물시계로 시간을 재서 제한 시간 내에 못 들어오면
점수를 못 받게 했습니다.

그날　시험이 그렇게 허술하진 않겠죠. 대부분 활 시험인데, 칼이나 창을 쓰는 시험은 없었어요?

박금수　무과 응시생 정도면 검술, 창술에는 기본적으로 능했습니다. 시험 종목에 활이 많은 것은 평가 기준이 명확했기 때문입니다. 맞았다, 안 맞았다로 평가할 수 있죠. 또 전장에서 적과 창칼을 맞대고 일대일로 싸우기보다는 진법에 의해 군사들을 지휘하는 게 무관의 우선 임무였고요. 문화적인 이유도 있죠. 중국은 창, 일본은 칼, 이런 식으로 조선의 무관들은 활을 선호하는 경향이 강했습니다.

그날　사극에 군인들이 삼지창 휘두르면서 질퍽하게 싸우는 장면이 자주 나오는데, 그런 건 시험 안 봤나요?

박금수　무관이 거기까지 가면 전쟁의 막장이라고 볼 수 있습니다. 이순신 장군이 직접 나서서 싸울 정도면 전쟁은 이미 끝난 거죠. 삼지창은 가지, 즉 날이 세 개라고 해서 삼지창이라고 부르는데 정식 명칭은 당파입니다. 날이 세 개인 이유는 적의 무기를 걸어 뺏을 수도 있고 찌를 수도 있기 때문이죠. 그러니까 삼지창은 방어와 공격을 동시에 할 수 있는 굉장히 우수한 창법입니다. 또 삼지창은 불화살과 신기전의 발사대로도 사용됐습니다. 한 가지 중요한 점은 조선군에서 당파가 보편적으로 쓰인 것이 임진왜란 이후라는 겁니다. 조선 전기에는 당파가 거의 사용되지 않았죠.

그날　사극에서 조선 전기에 당파가 나오면 고증이 잘못됐다는 얘기네요.

박금수　네, 시대별로 사용된 무기가 조금씩 다르므로 고증에 조금만 더 신경 쓰면 훨씬 더 현장감 있는 영상물을 만들 수 있겠죠.

무과의 필기 시험

그날 　무과는 실기 시험만 보고 필기시험은 안 보나요?

신병주 　조선 시대 무과는 초시, 복시, 전시로 나뉩니다. 초시는 실기 시험이 주를 이루지만 복시에 가면 무인들이 기본적으로 갖춰야 할 학습 내용을 외우게 해요. 이걸 강서라고 하죠. 사서오경 중에 한 과목, 무경칠서 중에 한 과목, 또 『자치통감』이나 『역대병요』 같은 역사책과 『장감박의』, 『소학』 중에서 또 한 과목을 시험 보게 했습니다. 또 조선의 헌법인 『경국대전』도 있죠. 시험관이 이 중의 일부를 뽑아 외우게 합니다. 무인들이라고 힘만 잘 쓰고 전투만 잘하는 게 아니라 상당한 수준의 교양도 갖춰야 했던 거죠.

김용철 　무인을 뽑는 게 아니고 장교를 뽑는 겁니다. 그래서 병법을 굉장히 중요시해요. 전쟁이 왜 일어났고, 어떤 식으로 전개돼서 어떻게 끝났는지를 아는 게 굉장히 중요했죠.

그날 　정말 쉽지 않은 시험이네요. 이렇게 들으니까 남이 장군이 열일곱에 무과에 급제했다는 게 더 대단하게 느껴지네요. 채점 같은 건 어떤 식으로 이뤄졌나요?

김용철 　통(通), 약(略), 조(粗), 불(不) 이렇게 네 가지입니다. 요즘 식으로 말하면 A, B, C, F 이렇게 네 개인 거죠. 여기에 '시험 외'라는 뜻으로 방외(方外)가 더해졌습니다.

문(文)에도 뛰어났던 남이 장군

그날 　남이 장군은 글솜씨도 좋았다면서요?

김용철 　시가 하나 남아있는데, 북정가라고 들어보셨어요?

그날 　네, 이 시는 워낙 유명한 시라 알고 있습니다.

백두산 돌은 칼을 갈아 없애고,	白頭山石磨刀盡
두만강 물은 말을 먹여 없앴네.	頭滿江水飮馬無
사나이 스물에 나라를 평안케 하지 못하면	男兒二十未平國
훗날 누가 대장부라 이르리.	後世誰稱大壯夫

무인의 기개가 잘 드러나는 수작입니다.

신병주　나중에 유자광이 남이를 역모로 고변할 때, 세 번째 행의 '미평국(未平國)'을 '미득국(未得國)'으로 바꿔요. 평을 득으로 바꿔서 '사나이 스물에 나라를 얻지 못하면 누가 대장부라 이르리' 이런 시를 읊으면서 야심을 키웠다고 주장한 거죠.

그날　너무도 큰 호방함이 오해의 여지를 남긴 거네요. 글자 하나 바꿔서 시의 의미와 화자의 태도까지 바꾼 건 정말 대단하네요. 사실 저 정도 호방한 기개는 있어야 스물여덟 살에 병조판서 될 수 있는 거 아니겠어요?

스물일곱 남이,
이시애의 난을 진입하다

세조 13년 함경도 호족 이시애가
북방 압박 정책에 불만을 품고 반란을 일으킨다.

남이 장군은 27세의 젊은 나이로 출정,
단 3개월 만에 이시애의 난을 진압하고,

곧이어 남만주를 장악해 국경을 위협하던
건주여진 정벌에 나섰다.

뛰어난 지휘관으로 조선군을 이끌며 승승장구
마침내 건주여진의 우두머리
이만주 부대를 참살한 남이 장군.

이 두 번의 대전투로 남이는 조선의 영웅이 된다.

남이 장군, 이시애의 난을 진압하고 일약 영웅이 되다

신병주   이시애의 난은 남이를 스타로 만들어 준 대표적인 사건입니다. 반란 지역이 함경도라 세조가 특히 더 불안해 했어요. 함경도는 계유정난 직후에 이징옥의 난이 일어났던 곳이거든요. 뿌리를 거슬러 올라가면 태조 이성계 때도 함경도 지역은 무장 세력의 영향력이 대단했죠. 그래서 세조는 이시애의 난을 진압하지 않으면 안 된다고 판단하고, 엄청난 수의 군사를 동원, 최정예 부대를 편성해서 반란 진압에 나선 겁니다.

그날   아무리 그래도 당시 남이는 20대였을 텐데, 그렇게 중요한 전장에 경험이 부족한 젊은 장수를 보낸다는 것이 그리 흔한 일은 아니었을 것 같아요.

김용철   남이 장군 본인이 자원해서 전쟁에 앞장섰습니다. 실록에 이시애의 난을 진압하러 보낸 군관이 서른 명 정도 나오는데, 본래 남이는 28번째였어요. 그런데 난 진압하고 돌아올 때는 서열이 5번째로 급격히 오르죠.

신병주   남이는 전형적인 돌격형 장수였던 것 같아요. 남이에 대한 부정적인 평가도 대개는 '남이는 성질이 거칠고 사납다' 이렇거든요. 이건 전장에서는 아주 유리한 조건이에요. 실제 『세조실록』 북청 전투 관련 기록에 '남이는 매전장마다 사력을 다해 싸우니 가는 곳마다 적이 마구 쓰러졌다', '몸에 4, 5개의 화살을 맞아도 낯빛이 태연했다' 하는 말이 있습니다.†

그날   누가 가서 화살 개수를 센 건가요? 하나, 둘, 셋, 넷, 음 다섯 개네? 이렇게요.

김용철   실제로는 그것보다 더 많습니다. 다만 갑옷이 두껍기 때문에 상처를 입힌 것이 그 정도였다는 의미죠.

신병주   왜 관우도 화살 뺄 때 아무렇지 않게 빼냈다는 얘기 있잖아요.

「북관유적도첩」, 「등림영회도」, 고려대학교 박물관 소장

이것 역시 남이의 캐릭터, 무장으로서의 성격을 잘 보여 주는 기록이라고 생각합니다.

> † 북청의 싸움에서 남이가 진 앞에 출몰하여 사력을 다하여 싸우니, 향하는 곳마다 적이 마구 쓰러졌고 몸에 4, 5개의 화살을 맞았으나 안색이 태연자약했다.
> ─『세조실록』 13년 7월 14일

15세기 만주 지역 정세를 바꾼 남이 장군의 건주여진 정벌

그날   남이가 건주여진과의 싸움에서도 큰 공을 세웠다면서요?

김용철 네, 건주여진은 여진족 가운데 세력이 가장 강한 종족으로, 오랫동안 명과 조선의 변경을 침범하면서 소요를 일으켜 왔습니다. 남이의 정벌이 특히 중요했던 게 이때 건주여진에 타격을 가함으로써 그로부터 100년 이상 여진족에서 강력한 추장이 나타나지 못해요. 만주 지역의 정세를 완전히 뒤바꿔 놓은 큰 전투였기 때문에 남이 장군의 벼슬이 높아진 건 어찌 보면 당연한 일이었습니다.

그날   당시 남이 장군이 얼마나 대단했는지 이런 영웅담까지 있다고 해요. 남이 장군이 두만강 정벌로 요동 땅 700리를 차지하고, 또 제주까지 차지했다는 거예요. 남이 장군의 죽음도 제주 여왕의 저주 때문이라는 거죠.

신병주 누가 봐도 허황된 이야기죠. 그때 제주도는 이미 조선에 편입되어 있었고, 또 여왕도 없었죠. 그만큼 남이의 위세가 대단했다는 걸 보여 주는 거죠.

남이에 대한 전설,
홍시 귀신

친구들과 어울려 놀던 소년 남이
우연히 한 여종과 마주치는데,
남이의 눈에만 보따리 위에
하얀 분을 바른 귀신이 보이는 게 아닌가!

괴상하게 여긴 남이는 뒤를 몰래 따라가고
귀신을 머리에 인 여종은 대궐같이 으리으리한
기와집으로 사라진다.

그런데 별안간 집 안에서 들려오는 곡소리,
귀신이 한 낭자의 목을 조르고 있었다.

"썩 물렀거라!"

남이가 호통을 치자 귀신은 깜짝 놀라 달아나고
낭자는 숨을 몰아쉬며 살아났다.

"자네가 내 딸을 살렸네."

알고 보니 낭자의 아비는 좌의정 권람,
귀신에게서 딸의 목숨을 구해 준 인연으로
남이는 당대 최고 세도가의 사위가 됐다는 이야기다.

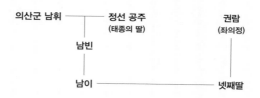

의산군 남휘 ─── 정선 공주
                (태종의 딸)

남빈

남이 ─────────────────── 넷째딸

권람
(좌의정)

남이 장군 가계도

조선의 엄친아, 남이 장군

그날   제가 저 이야기를 좀 알고 있어요. 권람의 딸 가슴을 타고 앉은
       여자 귀신이 있잖아요. 얼굴에 분 바른 귀신, 그게 바로 홍시 귀
       신이에요. 귀신이 얼굴에 하얀 분을 발랐다는 건 홍시 곁에 있는
       하얀 가루를 이야기하는 거죠. 그러니까 보따리 안에 홍시가 있
       었고, 그 홍시를 따라 간 홍시 귀신이 권람의 딸을 죽음으로 몰
       고 간 거죠. 이걸 좀 현실적으로 생각해 보면 아마 권람의 딸이
       홍시를 먹다가 기도가 막힌 것 같아요. 그래서 남이 장군이 심폐
       소생술 같은 걸 해준 게 아닐까요? 그러면 결혼해야 하잖아요.

신병주 남이 장군의 장인이 되는 권람은 당시 엄청난 권세가였죠. 계유
       정난 때 정난공신 1등, 세조 즉위 이후에 좌익공신 1등이었거든
       요. 공신의 사위라는 점이 남이에게는 또 다른 후광으로 작용했
       을 거예요. 또 남이의 할머니가 태종의 넷째 딸인 정선공주였어
       요. 태종의 외증손이니 집안도 좋죠. 요즘 말로 전형적인 엄친아
       인 거예요.

그날   권람은 사위가 된 남이 장군을 마음에 들어 했나요?

박금수 권람이 점쟁이를 불러다가 점을 치게 했어요. 유명한 점쟁이가
       점을 쳐보더니 '이 사람은 높은 지위에 오르나 젊은 나이에 역모

의 죄로 죽을 것입니다. 그런데 따님께서 사위보다 더 일찍 돌아가시기 때문에 결혼시켜도 될 것 같습니다'라고 해서 혼인하게 했다고 해요. 실제로 권람의 딸이 먼저 죽습니다.[†]

그날   정말 용한 점쟁이였네요. 딸이 단명하는 운명을 바꿀 수 없으니 딸이 사는 동안에 충분히 누릴 것을 다 누리고, 행복하게 살다가도록 혼인시킨 거네요.

> [†] 일찍이 권람에게 딸이 있어 사위를 고르는데 남이가 청혼하였다. 권람이 점쟁이에게 점을 치게 하였더니, 점쟁이는 "이 분은 반드시 나이 젊어서 죽을 것이니 좋지 못합니다" 하였다. 자기 딸의 수명을 또 보게 하였더니, "이 분은 수명이 매우 짧고 또 자식도 없으니, 그 복만 누리고 화는 보지 않을 것이므로 남이를 사위로 삼아도 무방합니다" 하였다. 권람은 그 말에 따랐다.
> ── 『연려실기술』 「세조조 고사본말」

남이 장군의 죽음은 혜성 때문?

그날   배경도 든든하고 능력도 있는 남이 장군이 혜성 때문에 옥사를 치렀다니 어떻게 된 건가요?

신병주   이 무렵에 혜성이 떨어지는데 유자광이 이걸 엮어서 역모 고변을 하죠. 남이가 『강목』[2]의 주석 가운데 '혜성이 흰 빛을 띠면 장군이 반역을 하고, 큰 병란이 일어날 것이다' 하는 구절을 들어서 상당히 의미심장한 말을 남겼다는 거예요. 남이가 자기는 단지 묵은 것이 없어지고 새 것이 일어나는 징조라고 말했을 뿐인데, 유자광이 나를 모함한 것이라고 변명을 했지만 결국 유자광의 의도대로 흘러가게 되죠.

그날   그런데 혜성이 언제부터 그렇게 불길한 징조였나요? 요즘은 좀 좋은 이미지잖아요. 신비롭기도 하고요.

김용철   혜성은 긴 꼬리를 끌고 밤하늘을 가로지르지 않습니까? 마치 적진 깊숙이 침투해 들어가는 군대처럼 말이죠. 하늘에 갑자기 이

파란혜성	왕과 제후가 패한다.
붉은혜성	도적이 일어난다.
노란혜성	후비가 권력을 빼앗는다.
흰색혜성	장군이 반역한다.
검은혜성	강물이 끊어지고, 도적이 나타난다.

조선 사람들이 생각한 혜성 색깔의 의미

상한 별이 나타나 질서를 어지럽혔다. 그러면 '혹시 지상에도 그런 일이 일어나지 않을까?' 하고 생각하게 되는 거죠.

조선 사람들에게 혜성이란

그날 　역사 속에서 별이 굉장히 많은 의미를 가지네요. 그래서 오늘 역사 속 혜성 이야기를 들려주실 분을 모셨습니다. 한국천문학연구원 선임연구원 안상현 박사 연결하겠습니다. 혜성이 그리 흔한 게 아닌데, 조선 시대에 혜성이 얼마나 자주 관측됐나요?

안상현 　네, 조선 시대에는 80여 개 혜성에 대한 1300건 정도의 기록이 남아 있습니다. 참고로 삼국 시대와 고려 시대에는 각각 60여 개 혜성에 대한 기록이 남아 있고요. 왜 이렇게 혜성을 열심히 관측했는가 하면 혜성이 의미하는 바가 전쟁이나 반란, 전염병 같은 것이었기 때문에 그렇습니다. 혜성이 나타나면 조치를 취하게 되는데요. 우선 궁궐과 한양의 경비, 국경의 수비를 강화하고, 왕 스스로 반찬 가짓수를 줄이거나 정전을 피하기도 합니다. 혜성 색깔에 따라서 별점이 있어요. 파란색은 전쟁, 빨간색은 도적을 의미하죠. 하얀 혜성일 때는 장군이 반란을 일으켜서 2년 동안 큰 전쟁이 일어난다는 얘기가 있습니다.

그날 　그럼 남이 장군 혜성은 어떤 색깔이었나요?

안상현 남이 장군 혜성은 평범한 색깔입니다. 푸르스름한 흰색.

그날 혜성 색깔이 뭐였든 예전부터 혜성이 병란의 조짐이라는 게 알려져 있는 거잖아요. 그럼 남이 장군은 안 해도 될 말을 했다가 화를 당한 거네요?

안상현 네, 한명회도 혜성이 나타나자 예종이 머무는 창덕궁의 경비를 강화하자고 건의했다는 기록이 있습니다.[†] 반대편인 남이 장군도 혜성이 나타나니까 한명회 같은 간신들이 역모를 꾀하고 있다고 사람들을 만나고 다니죠. 결국 혜성이 나타나 신구 세력 간의 갈등이 표면화된 게 아닐까 생각합니다.

그날 율리우스 카이사르가 암살당했을 때도 혜성이 나타났다고 하는데, 혹시 우리나라에도 누군가 죽거나 반란이 있었을 때 혜성이 나타난 예가 있나요?

안상현 네, 많이 있습니다. 예를 들어 신라 장보고가 반란을 일으켰을 때도 혜성이 나타나서 그걸로 민중들을 선동했었죠. 조선 후기 홍경래의 난 때도 그랬고요.

그날 혜성이 나타났기 때문이 아니라 반대로 혜성을 반란의 핑계로 이용한 거네요. 남이 장군이 죽은 1468년에 나타난 이 혜성은 특별한 이름이 없나요?

안상현 주기 혜성일 경우에 이름이 붙는데, 아쉽게도 이 혜성은 아직 주기가 밝혀지지 않았습니다. 그래서 특별한 이름이 없지요. 제가 만약 그 주기를 밝혀 낸다면 남이 장군 혜성이라는 이름을 붙이고 싶네요.

[†] 이때에 혜성이 나타나자, 한명회가 아뢰기를, '성문(星文)이 이 변(變)을 보이었으니, 그 응험(應驗)이 두렵습니다. 창덕궁에 성이 없으니, 마땅히 중신들로 하여금 군사를 거느리고 숙위하게 하소서' 하니, 그대로 따랐다.
— 『성종실록』 18년 11월 14일

예종의 즉위와 남이의 실각

신병주   혜성이 나타난 게 9월 2일이고, 예종 즉위가 9월 7일이에요. 그리고 예언이라도 한 것처럼 다음날 세조가 죽습니다. 엄격하게 말하면 예종은 세조가 돌아가시기 전에 즉위한 거예요. 남이는 세조가 키워 준 인물이었거든요. 그래서인지 예종은 즉위하자마자 남이를 병조판서 자리에서 해임합니다.

그날   아버지가 돌아가셨는데, 인사 발령을 어떻게 이렇게 바로 내는지 이것도 참 의아해요.

신병주   예종이 남이 장군을 벼르고 있었던 것 같아요. 왜 그랬을까요?

그날   아버지가 너무 예뻐하니까 질투심도 좀 있지 않았을까요?

신병주   요즘 기업에서도 CEO가 바뀌면 바로 임원들 인사이동이 있잖아요. 그런 거랑 비슷하죠. 어쨌든 세조는 정치 경험도 있고 해서 남이가 어쩔 수 없었겠지만 예종은 '얘가 나를 밟고 올라설 수도 있겠다' 이런 생각을 했던 것 같아요. 그때 유자광이 나타나서 남이의 역모를 고변한 거죠.

희대의 간신 유자광

그날   국사 시간에 유자광이라는 이름을 들어본 것 같은데, 조금 더 자세하게 알아볼까요?

신병주   우리 역사에서 대표적인 간신을 꼽으라고 하면 한명회, 유자광, 임사홍 이런 사람들을 많이 거론하죠.

김용철   유자광은 머리가 좋았을 뿐만 아니라 육체적인 면도 굉장했습니다. 세조가 유자광을 등용하면서 사람들한테 유자광이 얼마나 대단한 사람인지 구경을 시키는데, 유자광이 대궐 섬돌 몇 개를 뛰어 넘어서 곧 바로 기둥을 잡고 지붕 위로 올라갑니다.†

그날   임금 앞에서 기둥을 잡고 지붕으로 뛰어 올랐다니 거의 원숭이

「북관유적도첩」, 「출기파적도」, 고려대학교 박물관 소장

수준인데요?

신병주 세조 후반기에 남이 장군을 비롯해서 이시애의 난 진압에 결정
적인 공을 세운 젊은 무장들이 적개공신에 책봉되면서 새로운
세력으로 떠올라요. 구공신 입장에서도 남이는 제거해야 할 대
상이었던 거죠. 유자광이 그런 정국을 제대로 포착했고요.

그날 역시 남이는 실제로 역모를 꾸몄다기보다 정치적으로 희생당했
을 가능성이 농후한 거 같네요.

† 임금이 유자광의 효용(驍勇)함이 남보다 뛰어나다는 것을 듣고 불러 시험하니, 한
번 뛰어서 섬돌 여러 개를 지나고, 또 능히 큰 기둥나무를 잡고서 오르기를 원숭이가
나무에 오르는 것 같았다.
— 『세조실록』 13년 6월 30일

조선에서 역모란

그날 조선 역사에는 유독 역모로 희생당하는 사람이 많은 것 같아요.
왜 그런가요?

신병주 여러 차례 성공한 케이스들이 있어요. 그러다 보니 조선 왕실에
서도 역모 사건에 굉장히 민감합니다. 바로 접수해서 철저하게
조사하죠. 남이의 역모 고변도 일어나자마자 바로 다음날 체포
령이 떨어졌고, 고문도 굉장히 심했다고 하죠.

그날 다리가 부러졌다고 하잖아요. 얼마나 심하게 고문을 했으면 다
리가 부러질 정도였을까요? 역모 고변이 들어오면 이렇게 심하
게 고문을 합니까?

신병주 사육신의 단종 복위 운동이 일어났을 때도 세조가 친국을 하면서
성삼문을 불에 달군 쇠로 지지죠. 아주 참혹합니다. 역모 앞에 장
사 없다는 게 역모죄에 대해서는 엄청난 고문이 가해지는 거예요.

김용철 보는 사람들에게 겁을 줘서 다시는 그런 짓을 하지 못하게 하겠

다는 방비책이기도 했던 것 같아요. 어쨌든 고문 현장에서 한 말들은 전부 증거로 효력을 가집니다. 고문 때문에 한 말이건 실수건 상관 없어요. 그러니 '세 명만 불면 좀 덜 때릴게' 할 수도 있는 겁니다.

신병주 '몇 명만 불어라, 연루된 자가 있지?' 이래서 지목한 인물이 강순인데, 강순[3]은 이시애의 난 때도 함께 출전했고, 건주여진 평정할 때도 함께했던 장군이에요. 당시에 강순이 이미 79세였어요. 워낙 고령이니까 강순이 '제가 어려서부터 곤장을 맞아 본 적이 없사옵니다. 늙은 신이 어찌 매를 견딜 수 있겠나이까?' 이렇게 이야기했대요.

김용철 남이 장군 나름대로 '누굴 지목하면 이 국문이 끝나는가?' 하고 상황 판단을 했던 거죠. '앞으로 예종과 구공신이 한편이 되어 정국을 이끌어 나갈 테고, 자기나 강순 같은 신공신 계열은 사라지겠구나. 그게 지금 이 자리의 의미구나' 하고 말이죠.

신병주 신숙주, 한명회가 또 일등 공신이 되면서 신공신은 그야말로 혜성처럼 반짝 빛났다가 사라지는 세력이 되어버렸죠.

그날 역모에는 약이 없는 것 같아요. 누가 역모로 걸면 피해 갈 방법이 없어요.

신병주 남이 장군이 돌아가신 건 병조판서가 된 후로는 2달, 고변 후로는 3일 정도 됐던 시점이었죠. 남이를 그렇게 빠르게 죽였다는 것 자체가 역모의 신빙성에 문제가 많다는 것을 보여 줍니다.

그날 거열형[4]이었다고 하잖아요. 능지처참.

남이 장군의 역모는 누명인가

그날 산전수전 다 겪은 노회한 정치가였던 구공신들에 비해 남이 장군은 정치 경험이 너무 부족했어요. 어쩔 수 없이 희생당할 수밖에 없었겠죠. 마치 9선 의원과 맞장 뜨는 초선 의원 느낌이랄까요?

신병주   남이가 좀 성급했다는 기록이 실록에 계속 나와요. '성격이 급하 다, 거칠다' 이런 식으로요. 남이가 국문 당할 때 '국상 중에 쇠고 기를 먹었다', '남이의 집에는 쇠고기가 엄청나다' 이런 이야기 까지 나와요. 그때 남이가 뭐라고 답하냐면 '그때 몸이 좀 안 좋 아서 어머니가 먹으라고 하시기에 먹었습니다.'

그날   실제로 먹긴 먹은 거군요.

신병주   남이가 너무 자유분방한 거예요. 규율 같은 데 얽매이지 않죠. 왕실에서는 이런 모습을 경계할 수밖에 없었겠죠. 심지어는 세 조 앞에서도 당당하게 건의하고 그러거든요.

그날   원래 일찍 출세한 사람들일수록 주변을 둘러보고 조심할 줄 알 아야 하는데, 이분은 신중함이 부족해서 안 해도 될 혜성 이야기 로 꼬투리 잡힌 거 아닙니까?

남이 장군

묘의 진실

한류 열풍의 원조 드라마 「겨울연가」의 촬영지이자
아름다운 풍경으로 유명한 남이섬,
지금도 수많은 사람들이 찾아오는 관광 명소다.

그런데 이곳을 찾는 사람들은
남이섬 이름의 유래를 알고 있을까?

"아마도 남쪽에 있기 때문에 남이섬이 아닐까요?
'남'이라는 것은 남쪽을 의미하니까요."
"남자가 살아서 남이섬인가요?
남씨 가문이 살아서 남이섬인가요?"

뜻밖에도 그 이유를 알고 있는 외국인이 있었다.

"남이 장군의 묘가 있어서 남이섬이라고 알고 있어요.
드라마 「겨울연가」의 촬영지로 유명해서 알게 됐습니다."

남이섬 이름의 비밀은 섬 한쪽에 위치한 묘에 숨겨져 있었다.
바로 남이 장군의 무덤이 있는 것,
대장부의 기개가 느껴지는 유명한 그의 시도 적혀 있다.

"남이 장군을 모실 때 머리 부분이 없어서
금으로 머리 부분을 만들었다고 해요.

매년 제사도 지내고 관리하고 있어요.
섬 이름 자체가 남이섬이기 때문에
진묘라고 생각하고 있습니다."

그런데 남이 장군의 묘라고 주장하는 곳은 한 군데가 아니었다.

경기도 화성의 작은 산,
이곳에도 남이 장군의 묘가 있다는데…….

정확히 남이 장군 묘라고 적혀 있는 비석,
이곳은 경기도 기념물 13호로 지정돼 있다.

"남이 장군 묘에는 문인석이 있는데요.
이 문인석의 의복이나 양식, 크기 등이 모두 당시의 것입니다.
문중 족보에도 남이 장군 묘가 여기에 있다는 기록이 있습니다."

남이 장군의 족보에 올라있다는 화성시 묘,
남이 장군의 이름을 따서 만든 남이섬 묘.

과연 남이 장군 묘의 진실은 무엇일까?

남이 장군의 진짜 무덤은 어디?

최원정   진실은 무엇일까요? 어디가 진짜 묘일까요?

이해영   당연히 남이섬이죠. 섬 이름을 아예 남이섬이라고 지었잖아요. 또 남이 장군 묘를 육지에다가는 못 만들게 했을 것 같아요. 역모죄로 처형당한 죄인이니까 섬처럼 물기가 많고 음습한 곳에 묘를 쓰게 했을 것 같아요.

류근   화성에 있는 묘는 부부가 함께 있는 쌍무덤이에요. 더구나 족보에도 기록돼 있다니 화성시 무덤이 더 신뢰가 가지 않나요?

신병주   사실 저도 잘 모르는데요. 실제 남이가 처형을 당할 때 거열형으로 사지가 찢어지는 형벌을 받고 죽었기 때문에 그 시신을 수습해서 무덤을 만든다는 건 상당히 어려웠을 겁니다. 어쨌든 남이섬 쪽이나 화성 쪽에서 서로 남이 묘라고 연고를 주장하고 있는데, DNA로 유전자 검사를 해 봐야 할지 모르겠네요.

류근   무덤 이야기를 했는데, 서울시 종로구 대학로 남단에 지금도 남이 장군의 옛 집터가 있다고 해요. 서울 성동구 사근동에는 남이 장군이 젊었을 적에 맨손으로 호랑이를 때려잡았다는 전설이 지금까지 내려오고요. 용산에는 남이 장군의 위패를 모신 사당도 있어요. 매년 대제도 지내고요. 그만큼 남이가 후대인들에게 많이 회자되고 있는데, 그 이유가 뭘까요? 남이 장군 하면 아직도 애틋한 마음이 담겨서 그렇게 이야기하는 걸까요?

신병주   이시애의 난 진압, 건주여진 정벌이라는 시대 상황에서는 무인이 필요했어요. 그런데 예종, 성종 대부터는 정국이 안정되면서 무인이 필요하지 않게 된 거죠. 결국 남이는 시대의 희생양일 수도 있는 거죠. 우리 역사에서도 무인들이 이용만 당하다가 버려지는 경우가 많아요. 이순신도 전사한 게 아니라 전쟁이 끝나고 토사구팽 당한 거라는 견해가 있듯이 최고의 무장이 정국에 희생당했다는 면 때문에 많은 사람들이 안타까워하고, 그것이 계속 민담과 설화로 이어지면서 지금까지 남은 거죠.

책, 영화 제목으로 패러디한 남이 장군의 일생

최원정 이번 회의 제목인 '남이 장군, 혜성과 함께 사라지다'는 사실 『바람과 함께 사라지다』를 패러디한 거예요. 그래서 오늘 그날의 소회는 유명한 책이나 드라마, 노래 제목을 패러디하는 걸로 해 보겠습니다.

이해영 움베르토 에코의 책 가운데 『세상의 바보들에게 웃으면서 화내는 방법』이라는 책이 있어요. 그 책 제목을 따서 '세상의 바보들에게 죽어서도 화내는 방법' 하겠습니다. 남이는 넘치는 재능으로 왕의 총애를 받았고, 또 미움의 대상이 되어 시대에 의해 버려졌죠. 저는 남이와 관련된 전설들이 남이 장군이 죽어서도 화를 내는 방법이라고 생각해요.

신병주 공지영의 『무소의 뿔처럼 혼자서 가라』가 있죠. 남이 장군이 바로 이런 모습이 아니었을까요? 반란 진압이나 여진 정벌 같은 국가 사업에서는 한길만 보고 혼자 가는 거죠. 그 과정에서 절대 타협하지 않아요. 구공신 세력을 철저하게 비판하고, 심지어는 세조에게도 쓴소리를 하죠. 그래서 '남이, 무소의 뿔처럼 혼자서 갔다.'

김용철 영화 「범죄와의 전쟁, 나쁜 놈들 전성시대」를 패러디 해서 '남이와의 전쟁, 나쁜 분들 전성시대'로 하겠습니다. 남이에게는 정말 안타까운 일이었지만 다른 사람들에게는 이게 해피엔딩 아니었겠습니까? 구공신들은 그 후로 행복하게 살았답니다.

6
인수대비,
며느리에게
사약을 내린 날

　　지금도 '고부 관계'는 불편하고 어려운 관계를 대표한다. 엄격한 의례와 복잡한 정치적 이해가 얽힌 조선 왕실에서 고부, 곧 대비와 왕비의 관계는 말할 필요도 없을 것이다. 조선 왕실에서 그런 관계를 대표하는 인물은 인수대비(소혜왕후)와 폐비 윤씨다. 널리 알 듯 인수대비는 성종의 어머니고, 폐비 윤씨는 성종의 두 번째 왕비이자 연산군의 어머니다. 책임 소재는 확정하기 어렵지만 그들의 관계는 며느리의 죽음으로 끝이 났다.

　　인수대비는 이조판서, 좌찬성 등을 거쳐 정난 1등 공신, 서원부원군에 책봉된 한확의 딸이다. 화려한 관력과 훈력에서 알 수 있듯 한확은 세조의 핵심 신하였다. 세조는 즉위 직후 한확의 딸을 세자빈으로 간택했다. 이때 받은 칭호가 인수대비를 가리키는 대표적인 이름 가운데 하나인 수빈이다.

　　왕비 자리를 예약한 수빈의 행운은 남편이 스무 살의 나이로 요절하면서 사라지는 듯했다. 그러나 시동생인 예종이 재위 1년 2개월 만에 붕어하고, 자신의 둘째 아들 잘산군이 성종으로 등극하면서 행운은 끝내 이뤄졌다. 이듬해 남편이 덕종으로 추존되자 수빈도 소혜왕후에 책봉되었으며 곧이어 인수대비로 높여졌다.

　　인수대비는 총명하고 학식이 깊었다고 한다. 시어머니 정희왕후는 "나는 문자를 알지 못해 정사를 청단하기 어렵지만, 수빈은 글을 알고 사리도 밝으니 감당할 만하다"고 평가했다. 『내훈』의 저술은 이런 칭찬이 큰 과장은 아님을 보여 준다. 『내훈』은 1475년 인수대비가 부녀자의 훈육을 목적으로 펴낸 책이다. 그녀는 중국의 『열녀전』, 『소학』, 『명심보감』 등에서 유익한 구절을 뽑아 언행, 효친, 혼례, 부부 등의 항목으로 나눠 그 책을 만들었다.

　　68세까지 장수한 인수대비가 1504년(연산군 10)에 사망했다는 사실에서 갑자사화와의 관련성을 예측했다면 그것은 옳다. 그녀는 어머니의 비참한 죽음에 분노한 손자의 과격한 행동에 충격을 받아 세상을 떠났다. 그 같은 비극을 불러온 이는 연산군 어머니 폐비 윤씨였다. 그녀는 판봉상시사를 지낸 윤기견의 딸이다.

윤씨의 비극은 폐비와 별거, 폐서인과 출궁을 거쳐 사사에 이르는 세 단계로 진행되었다. 성종과 윤씨의 사이에 문제가 생긴 것은 성종 8년 3월 말이었다. 윤씨가 후궁을 질투해 해치려는 목적에서 비상과 방양서(굿하는 방법을 적은 책)를 숨겨둔 사실이 발각된 것이다. 성종과 정희왕후는 윤씨를 엄벌하려 했지만 원자를 생각해 용서하자는 신하들의 만류로 윤씨를 빈으로 강등하고 따로 거처하게 했다.

별거를 시작한 지 2년 3개월 만에 좀 더 심각한 파국이 찾아왔다. 성종 10년 6월, 성종이 후궁의 침소에 들었을 때 윤씨가 불쑥 들어온 것이다. 성종은 윤씨가 후궁을 질투하는 수준을 넘어 자신을 독살할 의도까지 있다고 분노했다. 정희왕후와 인수대비도 적극 동의했다. 윤씨는 폐서인되어 궁궐 밖으로 쫓겨났다.

감정의 앙금은 상당한 시간이 흐른 뒤에도 사라지지 않았다. 야사에서는 성종이 윤씨의 행동을 염탐하러 보낸 내시로 하여금 인수대비에게 "윤씨는 예쁘게 단장하면서 잘못을 뉘우치는 뜻이 없다"고 거짓으로 보고하게 했다고 지적했다. 13년 8월, 성종은 결국 "원자 때문에 어렵기는 하지만 훗날 반드시 발호할 우려가 있으니 대의로 결단해 예방하지 않을 수 없다"면서 윤씨의 사사를 결정했다. 즉 국왕은 원자가 즉위했을 때 윤씨가 아들을 등에 업고 정치적 영향력을 행사할 가능성을 방지하려고 그런 극단적 처사를 단행한 것이다. 갑자사화가 일어난 것은 윤씨의 비극적 죽음 때문만은 아니다. 그러나 성종의 불길한 예감은 그런 원인을 가혹하게 제거했지만 결국 들어맞고야 말았다.

.

인수대비 며느리에게
사약을 내린 날

후궁들에 대한 투기 때문에
왕비 자리에서 쫓겨나는 성종의 비 윤씨,
이는 훗날 조선 왕실에서 벌어질 비극의 시작이었다.

"마마, 폐비가 자나깨나 대궐을 향해 저주를 퍼부으며
원자가 장성하면 할 일이 따로 있다고
입버릇처럼 되뇐다 하지 않았사옵니까."
"고얀 것!"

폐비 윤씨가 반성의 기미를 보이지 않자
인수대비의 분노는 극에 달한다.

"주상, 더는 참을 수가 없습니다.
조정 중신들을 모두 들라 하세요.
내가 의지(懿旨)를 내려 폐비에게
사약을 내리라고 할 것입니다."

결국 폐위된 지 3년 후, 폐비 윤씨는
시어머니 인수대비에 의해 비참한 최후를 맞는다.

조정과 왕실에 피바람을 예고한 그날,
대체 시어머니 인수대비와 며느리 폐비 윤씨 사이엔
무슨 일이 있었던 것일까?

인수대비와 폐비 윤씨

그날 　오늘 함께할 그날은 인수대비 며느리에게 사약을 내린 날입니다. 그런데 정작 우리가 인수대비에 대해 잘 모르는 것 같아요. 인수 대비 하면 드라마의 캐릭터가 워낙 강해서 다들 그런 모습만 떠올리지 않을까 싶은데요. 그래서 일반 대중들은 인수대비를 생각할 때 대체로 어떤 이미지를 떠올리는지 SNS를 통해 조사해 봤습니다. "인수대비가 모든 시작의 원인이다. 그러니 '뿌린 대로 거두리라' 이 말이 괜히 있는 게 아니다", "선과 악을 동시에 가진 인물", "기 센 며느리, 엄한 어머니이자 무서운 시어머니, 사랑을 주는 법을 몰랐던 슬픈 여자" 이런 극단의 이미지들이 있죠. 인수대비는 어떻게 해석하는지에 따라 평가가 완전히 달라지네요.

고아름 　인수대비는 정희왕후와 함께 성종의 치세를 뒷받침한, 역사에는 잘 등장하지 않지만 조선사에서 결코 빼놓을 수 없는 인물이죠.

그날 　폐비 윤씨의 죽음이 역사적으로 어떤 의미가 있나요?

신병주 　폐비 윤씨의 죽음은 조선 정치사에 큰 영향을 미치죠. 폐비 윤씨의 아들인 연산군이 왕이 되고, 연산군이 훗날 어머니의 죽음을 알게 되면서 엄청난 참극이 일어나게 되니까요.

채시라가 본 인수대비

그날 　인수대비 하면 드라마에서 인수대비 역을 맡은 채시라 씨를 많이 떠올리시죠? 그 반가운 얼굴 한 번 만나 볼까요? 반갑습니다. 채시라 씨는 인수대비가 어떤 인물이라고 생각하세요?

채시라 　글쎄요. 팔이 안으로 굽는다고 하지요? 제가 연기했던 인물이라 그런지 인수대비에게 굉장히 많은 애정이 갑니다. 저는 인수대비가 신여성이라고 생각해요. 당시로서는 상당한 지식인이었고 시대를 앞서가는 인물이었죠. 젊은 나이에 남편을 잃은 불쌍한 여인이

인수대비 소혜왕후 한씨의 무덤 경릉

기도 하고요. 남편 없이 혼자 살았기 때문에 아들에게 더 의지할
수밖에 없었겠죠. 그러면서도 한 나라를 이끈 대찬 여성이고요. 역
사상 이렇게 멋진 여성은 거의 없지 않을까 그런 생각이 들어요.

명문가의 딸 인수대비

그날   이제 진짜 인수대비에 대한 이야기를 해 보겠습니다. 인수대비
가 어떻게 왕실로 들어가게 됐고 왕실 여성으로 어떻게 지냈는
지, 고아름 강사께서 키워드를 뽑아 오셨다면서요?

고아름   네, 첫 번째는 '명문가의 딸'이에요. 인수대비는 한확이라는 사
람의 딸인데, 이 집안이 얼마나 대단한지 한확의 누이동생이 두
명이나 명나라 황실에 시집을 갔다고 해요.

신병주   그렇습니다. 한확이 청주 한씨인데, 첫 번째 누이가 영락제의 후
궁이 되었고, 또 다른 누이가 선덕제의 후궁으로 들어가죠. 그만
큼 미모나 여러 조건이 출중했다고 해요. 재미있는 것은 누이가
명 황제의 후궁이 될 때 한확도 따라갔는데, 이때 한확을 직접
만난 황제가 그를 굉장히 마음에 들어 해서 손녀하고 결혼시킬

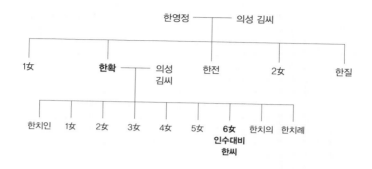

인수대비 가계도

생각까지 했다고 합니다. 한확에게 벼슬도 내려 줬다고 하니 한
확은 정말 인물도 좋고 능력도 있는 거죠. 여기다 외국어에도 어
느 정도 능통했을 거라고 추정돼요.† 그 한확의 여섯 번째 딸이
바로 인수대비였습니다.

신명호 청주 한씨 자체가 개국공신 집안이죠. 또 이 집안이 힘을 갖는
중요한 이유가 명나라와의 외교 관계 때문입니다. 한확이 황제
의 신임을 받고 명나라에 막강한 영향력을 미치기 때문에 조선
에서도 인정을 받죠. 일종의 중국통이었다고 할까요?

> † 황제가 말하기를, '한씨의 딸은 대단히 총명하고 영리하다. 네가 돌아가거든 국왕께
> 자세히 말하라' 하고 한확을 광록소경으로 삼고 물건을 대단히 후하게 주고, 황씨, 한
> 씨 두 여자의 집에 금은과 비단 등의 물건을 주었다.
> ―『태종실록』 17년 12월 20일
>
> 한확의 손위 누이가 태종 문황제에게 입시하여 총애가 있었으므로, 한확에게 홍려시
> 소경을 주었으며, 선종 황제 때 그 손아래 누이가 또 입시하게 되었다. 손아래 누이는
> 벌써 시집갈 시기가 지났고, 한확은 재산이 넉넉하면서도 그를 시집보내지 않고 장
> 차 북경에 데리고 가려 하므로, 사람들이 한확을 천하게 여기고 그 손아래 누이를 슬
> 피 여겼는데, 이때에 와서 특별히 이 관직에 임명되었다.
> ―『세종실록』 17년 7월 20일

수양대군이 인수대비를 며느리로 삼은 까닭은

그날   수양대군이 인수대비를 며느리로 삼은 데는 배후 세력을 끌어안 고자 했던 의미가 있었던 것 같아요. 혼맥을 형성한다거나 하는 거죠. 그런 면에서 보면 굉장한 지략이 아니었나 싶어요.

신명호   수양대군이 계유정난을 일으키기 직전에 자기 큰아들 하고 한확 의 딸을 결혼시키고, 그 다음에는 딸을 통해서 정인지 집안하고 혼인을 맺습니다. 대단히 정략적이라고 봐야 하죠. 특히 인수대 비 같은 경우는 큰 아들의 아내니까 쿠데타가 성공할 경우 장차 왕비가 될 아이라고 생각해서 집안, 인물, 성품 등을 두루 보고 맞아들인 며느리일 겁니다.

그날   수양대군 입장에서는 일종의 보험을 들어 놓은 게 아닌가 싶네 요. 자기 야심을 끌어 줄 만한 집안을 선택한 거예요. 그렇죠?

신명호   실제로도 확실한 보험이 됐죠. 계유정난이 일어나자 한확, 정인 지가 모두 적극 가담해서 일등 공신이 되니까요.

인수대비, 세자빈이 되다

그날   인수대비를 설명하는 두 번째 키워드는 뭔가요?

고아름   네, 두 번째 키워드는 바로 '인수대비 세자빈이 되다'예요. 남편 이 수양대군의 장남이었기 때문에 계유정난이 성공하면서 세자 빈이 된 거죠.

그날   정략결혼을 한 건 사실이지만 인수대비는 꿈에도 몰랐겠죠. 시 아버지가 갑자기 왕이 될 줄은. 가만히 앉아 있다가 금가루가 떨 어진 거죠. 의도했든 안했든 결국 세조가 명분 없는 쿠데타를 일 으켜서 왕이 된 거잖아요. 그랬는데도 불구하고 한확이 명나라 에서 워낙 인정받는 사람이었기 때문에 고명 받고 할 때는 조금 순조롭지 않았을까 싶네요.

스물한 살에 청상과부가 되다

그날   인수대비에 대한 설명을 키워드로 뽑으니 확실히 이해가 잘 되네요. 세 번째 키워드 알려 주세요.

고아름   세 번째 키워드는 '스물한 살에 청상과부가 되다'입니다. 남편이 너무 젊은 나이에 죽었어요. 그러면서 왕비가 될 꿈도 모두 좌절되고 말아요. 결국 인수대비는 궁에서 사가로 나오게 됩니다.

신병주   그렇죠. 미래가 보장되던 궁궐을 버리고 사가로 돌아갔을 때 심정이 아주 처참했을 거예요. 당시 인수대비는 스물한 살이었는데, 이미 자식 셋이나 됐거든요. 맏이였던 월산대군이 네 살, 둘째 명숙공주가 두 살, 그리고 뒤에 왕이 되는 잘산군은 생후 5개월밖에 되지 않았어요. 그 갓난아이를 업고 궁을 나가는 심정은 정말 참담했겠죠. 거기다가 세조의 뒤를 이을 후계자 자리는 해양대군, 즉 시동생이 차지하게 되니까 '남편만 살아있었다면 상황이 절대 이렇게는 돌아가지 않았을 텐데' 싶었을 거예요.

그날   생각해 보세요. 아랫 동서에게 왕비 자리를 내 주는 거잖아요. 너무 아깝죠. 이 정도면 사람 성격이 바뀔 수밖에 없어요. 애가 셋이나 딸렸죠, 남편은 없죠. 인생의 롤러코스터가 막 시작된 거예요. 이때 나이가 고작 스물한 살입니다. 그 마음 이해 가시죠?

고아름   스물한 살 꽃다운 나이에 쫓겨나 평생 혼자 살아야 되는 거잖아요. 생각만 해도 너무 깜깜합니다. 그런 상황 때문에 오히려 더 완벽에 집착하고 더 강한 카리스마를 풍기려 노력했을 수도 있을 것 같아요.

신병주   당시에 인수대비를 폭빈(暴嬪)이라고 불렀다고 해요. 포악할 폭 자에 세자 빈 할 때 빈 자를 써서 말이죠. 인수대비가 아이들을 엄하게 교육 시키니까 시어머니 정희왕후가 농담 삼아서 폭빈이라고 불렀다는 겁니다.†

신명호　조선 시대에 자식들을 엄하게 가르친 대표적인 왕비를 꼽으라면 인수대비하고 숙종의 어머니 명성왕후를 드는데요, 그분들은 지성인이고 지식인이라서 아이들을 감정대로 하지 않고 지성으로 가르쳤던 거죠.

> † 인수대비가 세조의 잠저 때부터 밤낮으로 정성껏 시부모를 섬겼고, 빈으로 책봉된 뒤에는 더욱 부도(婦道)를 삼가니 세조가 효부(孝婦)라는 도장을 만들어서 내렸다. 대비는 천품이 엄정하여 왕손들을 기르되 조금이라도 과실이 있으면 덮어 주지 않고 곧 얼굴빛을 바로 하고 경계하였으므로 시부모는 농담으로 폭빈(暴嬪)이라 하였다.
> ─ 『연려실기술』, 「덕종 고사」

무서운 시어머니의 대명사 인수대비, 며느리로는 몇 점?

그날　시부모님과의 관계는 나쁘지 않았죠?

신명호　아주 좋았죠. 시부모 곁을 거의 떠나지 않았다고 해요. 궁 밖으로 나온 다음에도 수시로 문안 인사를 드리러 갔고, 아이들이 같이 들어가면 할머니가 '네 엄마가 그렇게 무섭게 한다면서? 지금이라도 맘껏 놀아라' 이랬대요. 인수대비를 폭빈이라고 부른 건 '아무리 아버지가 없다지만 아이들을 너무 심하게 잡지 마라' 그런 의도가 있었을 거예요.

그날　애정 어린 별명이었겠죠. 오죽하면 효부라고 새긴 도장까지 줬다고 하지 않습니까. 아무튼 그런 것들이 성리학적인 최고 덕목이기도 한 거죠? 시부모 잘 섬기고, 애 잘 키우고 그렇죠? 인수대비가 거기에 충실했던 건 분명한 것 같네요.

수빈 한씨,
인수대비가 되다

1469년 11월, 예종이 즉위한 지 14개월 만에 숨을 거두었다.

왕의 갑작스러운 죽음으로
조정은 왕위 계승을 둘러싸고 혼란에 빠진다.
대신들은 왕실의 큰 어른인 정희왕후를 찾아가
서둘러 후사 문제를 결정짓는다.

"마마, 후사는 누구로 정하셨는지요?"
"원자는 어리고, 월산군은 어려서부터 질병이 있으니
적당치 않습니다.
잘산군으로 후사를 삼습니다."

예종의 보위를 이을 임금으로 정희왕후가 선택한 사람은
예종의 장자가 아닌 수빈 한씨의 둘째아들 잘산군이었다.

예종이 승하한 그날 오후,
열세 살 성종의 즉위식이 거행된다.

12년 전 세자였던 남편을 잃고 궁궐을 떠나야 했던 수빈 한씨,
어린 아들 성종이 즉위하게 되면서
왕의 어머니가 되어 다시 궁궐로 돌아오다.

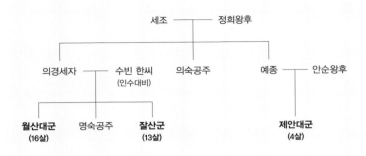

```
                    세조 ──┬── 정희왕후
                         │
        ┌────────────┬───────────┼───────────────┐
     의경세자 ──┬── 수빈 한씨   의숙공주        예종 ──┬── 안순왕후
             │    (인수대비)                        │
      ┌──────┼──────┐                              │
   월산대군  명숙공주  잘산군                       제안대군
    (16살)          (13살)                         (4살)
```

예종 사후 왕위 계승 구도

둘째 잘산군이 왕위에 오른 까닭

그날   굉장히 정신없죠? 어떻게 한 사람의 인생이 이렇게 계속 바뀌는 지. 인수대비의 아들이 왕이 됐어요. 그것도 둘째가 되네요? 굉 장히 특이한 경우인데요?

신병주   당시의 후계 구도를 보면 예종이 짧은 재임 끝에 사망합니다. 1년 2개월 만에. 인수대비에게 기회가 정말 빨리 온 셈입니다. 사실 예종의 아들 제안대군이 왕위 계승 1순위예요. 하지만 제안대군 은 당시 4살밖에 안 됐기 때문에 어리다는 이유로 후보에서 제 외됩니다. 그러면 2순위 월산군이 후계자가 되는 게 당연합니 다. 그런데 당시 후계자 지명권을 가진 왕실의 최고 어른 정희왕 후가 의외로 잘산군, 즉 인수대비의 둘째 아들을 후계자로 지명 하죠. 가장 큰 원인은 잘산군의 장인 한명회였죠. 한명회와 정희 왕후 사이에 정치적인 협약 같은 것이 있었던 것 같아요. 그래서 이례적으로 왕의 계승 3순위였던 잘산군이 왕위에 오르게 된 것 이죠.

그날   다른 것도 아니고 왕위 계승 문제인데 대신들과 왕실 간의 갈등이 없다는 게 말이 안 되잖아요? 그런데 이때는 마치 전부터 내정돼 있었던 것처럼 너무도 순조롭게 잘산군에게 왕위가 간다는 것 아닙니까?

고아름 정희왕후는 세조의 아내죠. 그녀는 계유정난을 비롯해서 단종이 죽는 모습 등을 전부 봤기 때문에 왕권이 약할 때 어떤 문제가 생기는지 정확히 알고 있어요. 정희왕후는 세조의 왕위 찬탈을 도왔던 한명회가 잘산군의 뒷배경이 되어 준다면 왕위를 지속하고 강화시키는 데 도움이 될 거라는 생각을 했던 것 같아요.

예종이 돌아가시기도 전에 즉위를 준비한 성종

그날 예종이 돌아가신 날 성종이 즉위를 하잖아요? 같은 날, 그게 가능해요? 심지어는 부르지도 않았는데 잘산군이 궁에 먼저 와 있었다는 말까지 있잖아요.

신명호 아들 예종이 죽어가는 상황은 어머니 정희왕후가 제일 잘 압니다. 예종이 거의 죽게 됐을 때 인수대비에게 상황을 알리고 누굴 후계자로 삼을 것인가에 대한 이야기를 나눴을 거예요. 또 공신들하고도 이야기가 되었겠죠. 예종이 죽기 전에 이미 잘산군이 후계 왕으로 내정이 되어서 미리 대기하고 있었던 거죠.

그날 원래 세조가 아들을 보험 삼아 한확 집안과 정략결혼 시킨 거잖아요. 그렇게 보면 인수대비 역시 대단한 사람이라는 거예요. 미리 한명회라는 보험을 들어 놓은 것 아닙니까?

신명호 인수대비가 미리 이런 정치 판도를 읽지 않았다면 어린 성종이 왕이 됐을 때 계유정난 같은 혼란이 날 가능성이 아주 높았습니다. 하지만 그런 일 없이 수렴청정 기간 7년이 안정적으로 지나가거든요. 이건 역시 인수대비가 앞을 잘 보고 판을 잘 다져 놓은 결과라고 할 수 있죠.

인수대비의 파격 승진, 왕비도 거치지 않고 대비가 되다

그날　왕의 어머니로 12년 만에 다시 궁으로 돌아옵니다. 왕비를 거치지 않고 바로 대비가 되는 굉장히 특이한 경우에요.

신병주　그렇죠, 인수대비는 현직 왕비는 아니었죠. 그런데도 이때 대비가 되는데, 다시 궁궐에 들어왔을 때에는 시어머니인 정희왕후가 있고, 예종의 비인 안순왕후가 계셨죠. 한 궁궐에 세 명의 대비가 있는 상황이 된 거죠.

그날　위계가 약간 복잡해지는 것 아닌가요? 안순왕후라면 예종의 비였고, 인수대비에게는 아랫 동서인데 공식적인 서열로는 위가 되잖아요.

신명호　그때는 똑똑한 신숙주가 해결 방안을 제시하는데요. 집안으로 보면 인수대비가 위고 안순왕후가 아래인데 왕비를 역임한 순서로 보면 안순왕후가 선배란 말이지요. 신숙주는 인수대비의 남편, 세자로 죽은 그분을 왕으로 추숭하자고 해요. 그러면 형이면서 왕이 됐으니까 자연스럽게 위로 가게 되겠죠? 그래서 자연스럽게 인수대비가 서열 2위가 되고 안순왕후가 서열 3위가 되면서 문제가 해결되죠.

신병주　성종이 열세 살에 왕위에 올랐으니까 왕이 스무 살 될 때까지는 대비가 발을 치고 수렴청정을 하는 게 당시의 법식이었죠. 어머니가 계시고, 할머니가 계시면 할머니가 수렴청정을 하는 거죠. 그런데 이때 정희왕후가 '나는 문자도 알지 못하니 똑똑한 인수대비가 수렴청정을 하는 것이 좋겠다'고 이야기합니다.

그날　문자를 모른다는 건 한문을 모른다는 뜻이죠?

신병주　네, 그렇게 보면 인수대비가 아주 탁월한 거죠. 인수대비는 당시로서는 특이하게 한문도 알고, 지식이 있었던 거죠.

신명호　지금 한문 이야기 하셨지만, 이 시대에는 모든 공문서가 한문으

창경궁

로 작성되고 유통되거든요. 그러니까 한문을 모르면 결재를 할 수가 없습니다. 정희왕후는 자기 방에 있습니다. 그 옆에 누가 늘 있었냐면 며느리인 인수대비가 같이 있습니다. 승지가 문서를 가지고 정희왕후에게 가서 물으면, 실제로는 인수대비가 보고 조언을 했던 거죠. 정희왕후 이름으로 명령이 나오지만 사실은 인수대비의 뜻이었던 거죠. 그렇다고 인수대비가 아들 정치에 깊이 관여하진 않고, 묻는 것에만 답을 했다고 해요.

성종은 세 명의 대비를 어떻게 모셨나

그날　사실 세 대비를 모시는 성종 입장에서는 주눅이 들 수도 있는데 성종이 세 대비들에게 굉장히 잘했다면서요?

신병주　그렇죠. 세 대비들을 잘 모시기 위해서 새로운 궁을 만들었는데, 그게 바로 창경궁입니다. 사실 창경궁의 시작이 성종이 왕으로 즉위한 후에 정희왕후와 안순왕후, 생모 인수대비까지 이렇게 세 분의 대비가 계시니까, 이분들을 좀 더 편안하게 모시려고 지은 궁궐이 창경궁이에요. 창경궁의 조경이 조금 여성적인 모습을 띄고 있는 것도 바로 그 출발이 대비들을 모시기 위한 것이었기 때문입니다.

그날 창경궁이야말로 성종의 효심이 제대로 드러난 공간이네요.

성종이 여색을 탐했다는 소문은 사실일까?

그날 성종이 여색을 탐했다는 소문이 있어요. 야사에 의하면 성종이 매일 밤마다 왕대비들을 위해서 잔치를 베풀고 기생들과 놀았다고 되어 있잖아요. 이게 사실인지는 모르겠어요. 어떻게 밤마다 그랬겠어요.

신병주 거기에 대해서는 실록이나 『연려실기술』에도 부분적으로 언급돼 있고, 특히 「해동야언」[1]에 성종이 자주 잔치를 베풀고 기녀들을 불러들이는 걸 두고 당시 사람들이 '연산군이 향락과 잔치를 즐긴 것은 다 보고 들은 바가 있어서 그렇다'고 했다는 기록까지 있습니다. 성종이 낮에는 경연이나 학문에 매진했지만 밤에는 잔치도 많이 베풀고 그랬던 게 사실인 듯합니다.[†]

> [†] 성종은 종실을 데리고 후원에서 활을 쏘고 난 뒤에는 종실과 반드시 조촐한 술자리를 베풀었는데 거기에는 기악이 따랐다. 어떤 자는 혹 연산군이 연락(連落)을 탐한 것은 눈과 귀에 익숙해져서 그러하였다 하니 아까운 일이다.
> ― 「대동야승」「해동야언」

태평성대를 연 호학군주 성종

그날 성종이 여색을 탐하기도 했지만 정사를 게을리 하지는 않았잖아요. 호학군주라는 얘기가 괜히 나온 말이 아니에요. 그렇죠?

신명호 성종을 좋은 왕으로 만들기 위해 원상들을 선생님으로 모시고 하루에 세 번씩 공부하게 시킨 분이 어머니에요. 그런 어머니 때문에 성종은 경연을 가장 모범적으로 하죠. 조선 시대 세종과 더불어서 경연을 가장 열심히 한 왕이 성종인데, 그것도 역시 어머니 덕이라고 할 수 있습니다.

그날 성종 대 얘기가 나왔으니 강사님께서 학생들을 위해 쉬운 팁 하나만 알려 주시면 좋겠어요.

고아름 별표 다섯 개짜리 팁을 알려드리면 본래 성종 대에 훈구파가 힘이 아주 강했잖아요. 훈구파라고 하면 급진파 사대부로서 조선 건국에 많은 역할을 했던 사람들이죠. 그들이 성종이 왕이 된 후에도 큰 힘을 발휘하게 됩니다. 이들의 영향력이 너무 강하다보니 성종은 훈구파를 견제해야겠다는 생각을 하게 돼요. 조선 왕조 개창에 가담하지 않고 지방으로 내려갔던 고려 말 온건파 사대부들을 등용하기로 결심합니다. 최초로 사림파를 등용한 것이죠. 성종은 최초의 사림 등용, 별표 다섯 개.

그날 귀에 쏙쏙 들어오네요. 앞으로 안 틀릴 것 같아요.

조선 역대 왕 중 왕비, 후궁 수 1위 성종

그날 제가 조사를 하나 했는데, 성종은 부인이 세 명이고, 후궁이 아홉 명이었다고 해요. 부인이 열두 명이나 되었다는 거죠. 이 사이에서 낳은 자식이 16남 12녀였어요. 스물여덟 명이에요. 아이들 이름 외우기도 쉽지 않을 것 같은데 어떻게 키우나요?

신병주 그래서 대부분은 궁궐 밖 여염집 같은 데서 성장합니다.

그날 조선 시대에 후궁은 무한대로 들일 수 있는 거예요?

신명호 『경국대전』에 정해진 인원은 없지만 중국 유교 문화권에서는 관행적으로 제후 9부인이라고 해서 대략 아홉 명 정도를 한계로 삼았다고 합니다.

그날 아홉 명이면 제도적으로 용인되는 한에서 최대치를 취한 거네요.

신병주　주목되는 것은 성종은 왕비 세 명과의 사이에서 2남 1녀밖에 출
　　　　산을 하지 않으셨고, 후궁 아홉 명과의 사이에서는 14남 11녀를 두셨
　　　　어요. 성종이 왕비보다는 후궁과 관계가 좋았음을 보여 주는 거죠.

왕실 여성 통솔법

그날　　궁궐에는 왕비며 궁녀까지 여성이 워낙 많다 보니까 통솔이 굉
　　　　장히 중요했을 거 같아요.

신병주　왕실에서 성리학 이념을 전파해야 했던 시대고, 특히 성종은 후
　　　　궁이 워낙 많아서 궁궐 분위기를 안정시키려면 왕실 여성들의
　　　　교육이 필요했습니다. 그런 목적에서 인수대비가 펴낸 책이 『내
　　　　훈』입니다. 안사람들의 교육, 그러니까 여성들을 위한 교육서 이
　　　　런 뜻입니다.

신명호　『내훈』이 편찬된 시기가 아주 중요한데요. 이게 언제 편찬되냐
　　　　면 성종 6년입니다. 이때 성종의 첫 번째 왕비 한씨가 죽고, 간
　　　　택 후궁 두 명이 있었습니다. 폐비 윤씨하고 나중에 정현왕후 윤
　　　　씨가 되는 두 간택후궁이 있었는데, 누가 왕비가 될지 모릅니다.
　　　　성종 7년이 되면 성종이 스무 살이 되니 친정을 하고 왕비를 책
　　　　봉하고 해야 하는데 다 후보자들이거든요. 그래서 후보자가 되
　　　　는 너희가 이 책을 보고 열심히 왕비 수업을 해라, 좋은 왕비가
　　　　돼서 나중에 성종이 친정할 때 좋은 국가를 만들 수 있도록 내조
　　　　를 잘해라, 그런 목적으로 만든 책이지요.

충격적인 『내훈』의 내용

그날　　『내훈』의 내용만 잘 따라 하면 왕비로 간택될 수 있는 거예요. 내
　　　　용이 어떤지 한번 볼까요? '아들이 아내를 꽤 마음에 들어 하더
　　　　라도 부모가 기뻐하지 않으면 내보내야 한다' 부모한테 잘해야

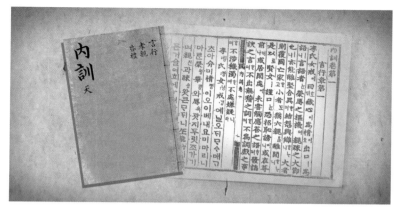

『내훈』

된다는 얘기군요. '비록 남편이 아긴다고 해도 시부모가 아니라고 말씀하시면 역시 아니다' '굽히고 따르는 것 이상이 없다' '며느리가 잘못하면 이를 가르칠 것이고, 가르쳐도 듣지 않으면 때릴 것이고, 때려도 고치지 않으면 쫓아내야 한다' 요즘 여성들이 들으면 경악할 내용이네요.†

고아름 고려 시대나 조선 전기까지만 해도 여성들이 상당히 힘이 강했는데, 『내훈』 같은 것들 때문에 여성의 지위가 조금씩 내려가고 남존여비사상이 강화된 것이 아닌가? 이런 생각이 드네요.

그날 정말 무시무시하네요. 실제로 저런 책을 썼단 말이야? 그런 생각도 드는데 이게 21세기가 아니라 조선 시대잖아요. 왕실 내에서의 규범, 규칙으로는 중요하지 않았을까 싶어요. 그리고 인수대비 입장에서는 질서를 세워야한다는 강박도 좀 있지 않았을까 싶고요. 그녀의 강박은 그녀가 살아온 그간의 환경들을 보면 이해되는 부분들이 있죠. 게다가 『내훈』은 왕실만의 문제가 아니잖아요. 조선 전체를 지배하는 남존여비와 삼종지도의 이데올로기가 저때부터 생기는 거예요. 어쩌면 인수대비가 여성들의 적일 수도 있는 거죠.

신병주   성종 때가 성리학 이념이 정착되어 가는 시점이거든요. 유교 이
념으로 모든 국가 시스템을 만들어가는 상황에서 인수대비는 남
성들 또는 사대부들만 유교 이념을 지킬 것이 아니라 왕실 여성
들도 그래야 한다고 생각했던 것 같아요. 그 시대에는 성리학이
진보적인 이념이 되는 거죠.

그날   인수대비 입장에서는 나름 시대적 소명에 투철했던 거네요.

> † 아들이 아내를 꽤 마음에 들어 하더라도 부모가 기뻐하지 않으면 내보내야 한다.
> 그러나 아들이 아내가 마음에 들지 않더라도 부모가 "나를 잘 섬기는구나"라고 하신
> 다면 아들은 부부의 예를 실천하며 죽을 때까지 허술히 하지 말아야 한다. (중략) 비
> 록 남편이 아낀다고 해도 시부모가 아니라고 말씀하신다면 이는 의가 스스로 깨어진
> 것이다. 그러므로 시부모의 마음을 어떻게 할 것인가? 굽히고 따르는 것 이상이 없다.
> (중략) 며느리가 잘못하면 이를 가르칠 것이고, 가르쳐도 말을 듣지 않으면 때릴 것이
> 고, 때려도 고치지 않으면 쫓아내야 한다.
> ──『내훈』

폐비 윤씨, 세 대비의 마음을 사로잡다

그날   어쨌거나 이런 기준으로 뽑은 왕비가 폐비 윤씨예요. 세 대비들
한테 잘 보인 것이 아닐까요? 뭔가 장점이 있었을 것 같아요.

신병주   처음 폐비 윤씨를 왕비로 간택할 때의 기록을 보면 그녀가 세 대
비에게 상당히 잘했고, 특히 검소했다고 해요. 옷차림도 항상 소
박했고. 대비들에게 항상 정성을 다하니까 대비들도 그녀를 좋
아했던 거죠. 또 왕비를 새로 간택하려면 절차도 상당히 복잡하
거든요. 폐비 윤씨는 이미 검증된 왕비감이었으니 그녀를 왕비
로 뽑은 거죠.†

그날   네. 그렇죠. 검소하고 겸손하고.

신병주   거기다가 한 가지를 더하면 당시 폐비 윤씨는 임신 중이었어요.

아들인지 딸인지는 몰라도 어쨌든 왕자를 낳을 가능성이 있는 거죠. 그러다 보니 결국 왕비가 된 거죠.

고아름 처음에 왕비로 간택이 되었을 때 폐비 윤씨는 정말 겸손한 태도로 '저는 그럴 만한 사람이 아닙니다' 하면서 거절을 했다고 해요. 이렇게 자기를 낮추는 모습이 어른들에게는 아주 좋아 보였을 것 같아요.

그날 대비들 마음을 사로잡은 폐비 윤씨는 후궁으로 입궁한 지 3년 만에 크나큰 행운을 거머쥐게 됩니다. 바로 왕비가 되는데요. 왕비가 된 그녀 모습은 어땠을까요?

† "숙의 윤씨는 주상께서 중히 여기는 바이며 나의 의사도 또한 그가 적당하다고 여겨진다. 윤씨가 평소에 허름한 옷을 입고 검소한 것을 숭상하며 일마다 정성과 조심성으로 대하였으니, 큰 일을 맡길 만하다" 윤씨가 나의 이러한 의사를 알고서 사양하기를, '저는 본디 덕이 없으며 과부의 집에서 자라나 보고 들은 것이 없으므로 네 어른께서 선택하신 뜻을 저버리고 주상의 거룩하고 영명한 덕에 누를 끼칠까 몹시 두렵습니다'라고 하니, 내가 이러한 말을 듣고 더욱 더 그를 현숙하게 여겼다.
― 『성종실록』 7년 7월 11일

폐비 윤씨

사사 사건의 전말

후궁들의 처소를 자주 찾는 성종 때문에 화가 난 중전
성종과 다투다 그만 용안에 손톱자국을 내고 마는데,
이 사건으로 중전은 폐위되고 만다.
오래 전부터 시작된 중전의 투기는 화를 자초하고 있었다.

중전 윤씨는 후궁인 정 소용과 엄 숙의가 서로 내통해
자신과 원자를 해치려 한다는 내용의 투서를 꾸미기도 했다.

또한 윤씨의 방에서 저주 방법이 적힌 책과 독약인 비상이 발각돼
왕과 후궁들을 해치려 한다는 혐의를 받았다.

결국 인수대비는 부덕이 없다는 이유로
며느리 폐비 윤씨의 죄를 묻고야 만다.

"독약을 가지고 첩을 죽이려고 했을 뿐 아니라
어린 원자를 내세워
권력을 마음대로 하고자 하였으니,
더는 폐비를 살려둘 수가 없습니다.
폐비를 사사하세요."

인수대비, 며느리에게 사약을 내리다

그날   실록에는 폐비 윤씨가 교만방자하고 투기심 많은 여성으로 적혀 있다면서요? 그렇게 기록될 정도면 폐비 윤씨의 성격이 그만큼 강했다는 거 아니겠어요?

신병주   성종이 폐위 교지를 내리면서 '나에게 행패를 부리고, 나를 노예처럼 대우한다' 이렇게 말했다는 기록이 실제로 『연려실기술』에 나와요. 또 세 대비에게까지 공손하지 못했다고 합니다. 실록에는 성종이 폐비 윤씨의 뺨을 때렸다는 기록까지 있을 정도로 둘의 관계는 극도로 악화된 상황이었죠.†

그날   비상이면 독약이잖아요. 이걸 갖고 다녔다면 이건 너무 치명적인 거 아닌가요?

신명호   그게 정희왕후와 인수대비가 가지고 있던 트라우마를 건드렸다고 생각되는데요. 어찌 보면 이건 살인미수거든요. 이게 무시무시한 공포심을 불러일으켰습니다. 정희왕후의 경우에는 큰아들이 일찍 죽었습니다. 둘째 아들 예종도 일찍 죽었죠. 그래서 혈육이 일찍 죽는 데 대한 공포심이 남달랐어요. 폐비 윤씨가 화가 나서 살인을 할 수 있는 사람이라면 성종이 언제 그 대상이 될지 아무도 모른다는 겁니다. 두 대비는 폐비 윤씨가 성종을 독살할지도 모른다는 사실에 엄청난 공포심을 느꼈던 거죠.

그날   제가 보기에는 전형적인 산후우울증 같아요. 우리나라 산모 가운데 70~80퍼센트 정도가 산후우울증에 걸린다고 하더라고요. 그렇다면 이건 분명히 아픈 건데 대비들이 이걸 좀 봐줬으면 어땠을까 해요. 거기에 또 후궁이었다가 중전이 된 콤플렉스 같은 게 폐비 윤씨를 막연한 두려움과 공포에 몰아넣지 않았나, 그런 생각이 들어요. 자기가 가진 것을 빼앗길지도 모른다는 두려움 때문에 조금 과하게 엇나간 거죠.

고아름 이렇게 생각해 볼 수도 있을 것 같아요. 폐비 당하기 전날이 윤씨의 생일이었대요. 그런데 남편이 그날 다른 후궁의 처소에 있었던 거죠. 산후우울증이 있는데 생일날 남편이 나를 챙겨 주지 않으면 정말 속상했을 것 같아요.

그날 정서적으로 분명 이해되는 면이 있네요.

신병주 조선 시대에 생일 챙긴 것도 굉장히 흥미롭죠.

그날 성종이 중전의 생일 하례를 못하게 했대요. 그만큼 부부 관계가 돌이킬 수 없을 만큼 악화됐던 것은 분명한 거죠.

신병주 또 폐비 윤씨를 더 긴장하게 만든 게 같이 후궁으로 들어왔던 숙의 윤씨가 이즈음 아이를 낳습니다. 이 여성이 나중에 중종의 어머니인 정현왕후가 되는데, 어쨌든 성종이 정현왕후를 좋아하게 되니까 라이벌 의식도 느꼈던 거죠. 그런 여러 가지가 겹치면서 더 극단적인 행동을 하지 않았을까 싶어요.

고아름 폐비 윤씨의 집안 자체가 다른 후궁들에 비해서 한미한 편이었다고 해요. 아마도 집안에 대한 자격지심 같은 것도 조금 있었을 것 같아요.

신명호 하지만 이 문제를 개인의 입장에서만 봐선 안 됩니다. 폐비 윤씨는 일단 왕비입니다. 그녀가 만약 농부의 부인이었다면 산후우울증, 질투, 자격지심 이런 것들이 용인될 수 있었을지 모르죠. 하지만 왕비는 그러면 안 되는 거거든요. 특히 유교에서는 이성으로 자기 감정을 제어할 수 있어야 하고 그러지 못하면 자격이 없다고 생각해요. 병이나 서운함 같은 걸 개인적으로는 이해할 수 있지만 왕비 자격이 없으니 쫓아낸다는 게 인수대비의 입장이었던 거죠.

† "폐비 윤씨는 성품이 본래 음험하고 행실에 패역함이 많았다. 전일 궁중에 있을 때 포학함이 날로 심하여 이미 삼전에게 공순하지 못했고 또 나에게도 행패를 부리며 노예처럼 대우하여 심지어는 발자취까지도 없애버리겠다고 말한 일이 있었으나, 오히려 이것은 사소한 일이다. 그는 일찍이 역대 모후들이 어린 임금을 끼고 정사를 마음대로 하였던 일을 보면 반드시 기뻐하였고, 또 항상 독약을 품속에 지니기도 하고 혹은 상자 속에 간수하기도 했으니, 그것은 다만 그가 시기하는 사람만 제거하려는 것만이 아니고 장차 나에게도 이롭지 못한 것이었다.
— 『연려실기술』 「성종조 고사본말」

'주상이 나의 뺨을 때리니. 장차 두 아들을 데리고 집에 나가서 여생을 편안하게 살겠다'고 하였다.
— 『성종실록』 10년 6월 5일

폐비 윤씨의 죽음 그 이후는

그날 폐비 윤씨의 죽음은 왕실 여성들에게 중요한 본보기가 됐을 것 같아요. 이후에는 다들 몸조심했겠네요. 어떻습니까?

신명호 그렇죠. 전에는 왕비 자리 자체가 자기를 보호해 준다고 생각했지만, 몇 번의 경험을 통해 자리만 가지고는 안심할 수 없다는 걸 깨달은 거죠. 그래도 최소한 원자나 세자가 될 아들이 있으면 그걸로 살겠지 했는데, 아들이 원자가 되고 세자가 되도 유교 법도에 어긋나거나 원칙에 어긋나면 살려두지 않는다는 게 확실해진 거예요.

그날 궐 밖의 백성들한테도 영향이 있었겠죠?

고아름 당시 희대의 사건이 하나 있었잖아요. 어우동² 사건이요. 잘 알려져 있듯이 방탕하고 사생활이 문란하다는 이유로 비슷한 시기에 어우동이 처형을 당해요. 이건 엄격한 왕실의 분위기가 민간에 전파되어 벌어진 사건이 아닐까 싶어요.†

그날 어쩌면 어우동도 시대의 희생양이었던 거네요.

신병주 어우동이 여러 사람과 간통한 혐의가 있기는 했지만, 간통죄로 사형시키는 건 법규에 없어요. 그런데 성종의 강력한 의지로 어우동을 교형에 처하죠. 이때가 바로 인수대비가 『내훈』을 쓰고 성리학적인 이데올로기로 나라를 만들어가던 바로 그때입니다. 따라서 어우동처럼 방탕한 여성은 죽음으로 일벌백계해야 한다는 생각이 있었던 것 같아요. 그런데 절묘하게도 어우동이 처형당한 게 1480년이고, 폐비 윤씨가 사약 받은 게 1482년이에요. 시기가 맞물려 있습니다. 결국 성리학 이념이 강화되고 여성다운 여성의 기준을 세우는 과정에서 왕실에서 희생된 사람이 폐비 윤씨였다면, 민간의 희생양은 어우동이었다는 거죠.

그날 　둘 다 시범케이스로써 과시적인 처벌을 받은 것 같네요.

† 그 여자는 이로부터 방자한 행동을 거리낌 없이 하였다. 그의 계집종이 역시 예뻐서 매양 저녁이면 옷을 단장하고 거리에 나가서, 예쁜 소년을 끌어들여 여주인의 방에 들여 주고, 저는 또 다른 소년을 끌어들여 함께 자기를 매일처럼 하였다. 꽃피고 달밝은 저녁엔 정욕을 참지 못해 둘이서 도성 안을 돌아다니다가 사람에게 끌리게 되면, 제 집에서는 어디 갔는지도 몰랐으며 새벽이 되어야 돌아왔다. 길가에 집을 얻어서 오가는 사람을 점찍었는데, 계집종이 말하기를, "모(某)는 나이가 젊고 모는 코가 커서 주인께 바칠 만합니다" 하면 그는 또 말하기를, "모는 내가 맡고 모는 네게 주리라" 하며 실없는 말로 희롱하여 지껄이지 않는 날이 없었다.
── 『대동야승』 「용재총화」

인수대비의 죽음

어머니 폐비 윤씨에게 사약을 내린 사람이
할머니 인수대비라는 사실을 알게 된 연산군.

인수대비는 손자 연산군과의 갈등 속에
예순여덟의 나이로 눈을 감는다.

왕실 최고 어른인 대왕대비로 승하한 그녀는
남편인 덕종과 함께 경릉에 묻혔다.

간소한 덕종의 무덤보다 크고 화려한 인수대비의 무덤
우상좌하라는 왕릉 조성 원칙을 깬
유일한 여성 상위 무덤이다.

성리학적 국가 질서를 바로잡아 가던 15세기
시대적 소명을 다하고자 했던 여성 지식인.

인수대비는 상반된 역사적 평가를 뒤로한 채
파란만장한 생애를 마감했다.

인수대비의 묘비명

최원정 '인수대비 며느리에게 사약을 내린 날'로 이야기 나눠 봤는데요. 오늘은 마무리로 인수대비의 묘비명을 지어 볼까 합니다. 인수대비의 일생을 담은 한마디를 지어 주시기 바랍니다.

류근 이런 말이 있습니다. '미안하다. 그런 일이 벌어진 것은 고의가 아니었다.' 이건 프랑스 혁명 당시 루이 16세의 부인이었던 마리 앙투아네트가 유언으로 남긴 말이에요. 제도권 안의 여성으로서 최선을 다했으나 연산군이라고 하는 미필적 고의의 불행을 잉태했다는 점에서 이런 묘비명을 써 봤어요.

이해영 인수대비가 눈을 감는, 죽음이 임박한 순간 이런 느낌이 들지 않았을까 싶어요. '내 시작은 창대하였으나 끝은 심히 미약하였다.'

신병주 '시부모와 아들과는 화합하고 며느리와 손자와는 불화한 인물, 남편과는 너무나 짧은 시간을 함께하고 이곳에 잠들다.'

고아름 인수대비의 인생이 압축적으로 잘 정리되네요.

류근 그건 사실 묘비명이 아니고 그 양반의 일대기 아니에요?

신병주 묘비명에 보통 이렇게 쓰죠.

최원정 저도 하나 하겠습니다. '12년 청상과부로, 26년간 왕의 어머니로, 10년은 손자의 눈치를 보며 화병으로 죽은 여인.' 굉장히 똑똑했으나 주체적인 삶을 살지 못하고 남자한테 속박되어 산, 조선 여인의 질곡 많은 삶을 묘비명에 표현해 봤습니다.

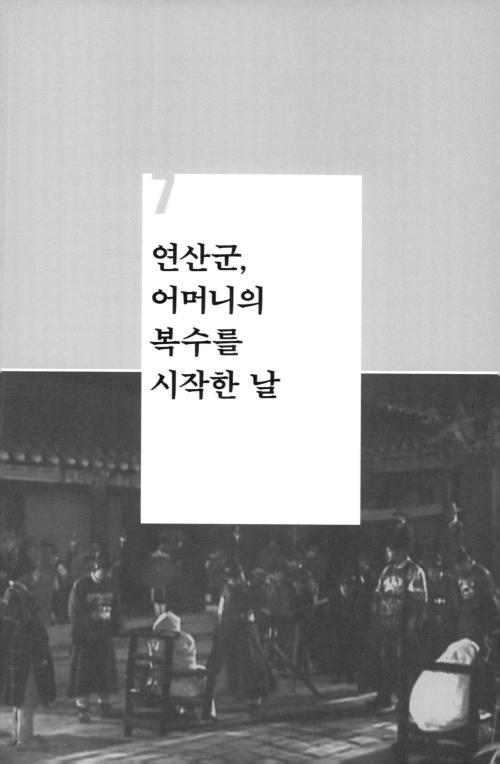

7

연산군,
어머니의
복수를
시작한 날

연산군은 조선의 대표적 폭군으로 평가되지만 즉위는 매우 순조로 웠다. 그는 성종의 적장자로 태어나 7세 때 세자로 책봉되었고 12년간 충분한 세자 수업을 거쳐 19세의 나이로 즉위했다. 유일한 결함은 모후가 사사되었 다는 사실이었다. 이것은 물론 충격적이고 비통한 사건이 분명했지만, 암투와 치정이 난무하던 전근대의 궁중에서는 있을 수 있는 일이었다.

연산군은 이처럼 유리한 환경을 제대로 활용하지 못하고 참담하게 실패했다. 그 원인을 분석하는 데 매우 중요한 주제는 삼사다. 사헌부, 사간 원, 홍문관을 아우르는 이 관서의 기본 업무는 국왕과 국정 전반에 대한 광 범하고 강력한 간쟁과 감찰이었다. 그런 기능이 크게 강화된 것은 성종 중반 이었다. 그때 이후 삼사는 국왕, 대신과 함께 중앙 정치의 한 축으로 떠올랐 다. 이것은 중요한 정치·제도적 발전이었지만, 신하의 영향력이 상대적으로 강하다는 조선 왕정의 특징을 더욱 고착시키는 효과도 수반했다.

연산군은 부왕의 치세에 이루어진 삼사의 대두를 대단히 불만스럽 게 생각했다. 그의 지상 목표는 강력하고 자유로운 왕권의 구축과 행사였다. 그는 이런 목표에 저해되는 모든 행동을 '윗사람을 능멸한다'는 의미의 '능상 (凌上)'으로 규정했고, 그것을 척결하는 데 전력을 기울였다. 능상을 단속하는 대상은 처음에는 삼사였지만, 점차 신하 전체로 확대되었다. 능상의 혐의가 번져 가는 과정은 폭정의 격화와 동일했다.

연산군 때의 가장 큰 정치적 사건은 무오사화와 갑자사화다. 두 사 화를 관통한 주제는 능상의 척결이었지만, 그 양상과 결과는 상당히 달랐다. 무오사화의 직접적 발단은 세조를 비판한 김종직과 김일손의 불온한 문서 (「조의제문」과 사초)였다. 숙청의 규모는 상당히 제한적이었다. 화를 입은 사람은 모두 52명으로 사형 6명, 유배 31명, 파직·좌천 등은 15명이었다. 이 같은 사실은 조선 최초의 사화라는 거대한 상징성에서 예상되는 결과와는 상당한 거리가 있다. 무오사화의 외형은 그것이 간접적이고 제한적인 경고였음을 알려 준다.

무오사화로 삼사는 일단 움츠러들었다. 왕정의 원리상 강력한 왕권의 확립과 행사는 그리 잘못된 목표가 아니다. 그러므로 무오사화까지 연산군의 통치는 일반적 수준에서도 정당성을 가질 수 있었다. 문제는 그 뒤부터 시작되었다. 국왕은 삼사를 제압해 확보한 왕권을 국정 개혁이나 경제 발전 같은 건설적 목표에 사용하지 않고 사치, 음행, 사냥 같은 지엽적 사안에 집중했다. 이런 행동은 유례없는 폭정을 거쳐 끔찍한 숙청으로 이어졌다.

갑자사화는 권력의 자의성과 자율성을 혼동하면서 전제 왕권의 몽상과 황음에 침윤되어가던 국왕이 행사한 폭력의 극점이었다고 할 만하다. 그 사건은 규모와 방식, 처벌 받은 사람의 성격과 결과 등 많은 측면에서 무오사화와 달랐다. 무엇보다 239명이라는 많은 인원이 처벌되었고, 절반을 넘는 122명이 사형에 처해진 전면적이며 가혹한 숙청이었던 것이다.

하나 더 언급할 사항은 갑자사화가 폐모의 비참한 죽음을 알게 된 연산군의 광기 어린 보복에서 비롯되었다는 설명이다. 그러나 그것은 사실이 아니다. 그런 중대한 일을 국왕이 10년 동안이나 몰랐다는 것은 상식적으로도 납득하기 어렵다. 연산군은 즉위 직후 폐모가 사사되었다는 사실을 알았다. 그날 수라를 들지 않았다는 짧은 기록은 아들의 비통한 마음을 깊이 보여 준다. 폐모 사건의 보복은 숙청의 규모를 확대시키는 데 중요하게 작용했지만, 그 사건의 본질적 원인이나 목표를 구성하지 않았다. 앞서 말했듯 핵심은 능상의 척결이었다. 폐모 사건은 선왕의 잘못된 판단을 막지 못해 자신을 참척의 고통으로 빠뜨렸다는 이유에서 가장 심각한 능상으로 간주되었던 것이다.

연산군,
어머니의 복수를 시작한 날

1504년(연산군 10) 3월 20일 밤,
연산군은 아버지 성종의 두 후궁
정씨와 엄씨를 고문한다.

"누구냐 내 어머니를 죽인 사람이!"
"난 잘못이 없소, 주상. 살려 주시오!"

분노한 연산군은 두 후궁을 직접 참혹하게 때린다.
그리고 정씨의 두 아들을 궁궐로 불러들인다.

"오늘밤 대궐에 역모가 있었느니라.
할마마마를 독살하려던 죄인들이니
너희들 손으로 요절을 내거라."

안양군은 자신이 때리는 사람이 누군지 모르고
연산군이 시키는 대로 친다.
하지만 봉안군은 그 사람이 어머니임을 알고
차마 치지 못한다.

아들의 손으로 어머니를 치게 한 비극,
연산군은 왜 아버지의 후궁을 이토록 잔인하게 처단한 것일까?

연산군의 잔인한 복수

그날　연산군 어머니의 복수를 시작한 날입니다. 아버지의 후궁을 폭행하는 것도 모자라 그 아들의 손에 피를 묻히게 한 연산군, 감상을 여쭙기도 어려운 이야기네요. 잔인하죠. 실제로 연산군이 정말 웃고 있었을까요?

장유정　아들에게 어머니 피를 묻힌 건 보복성 패륜이 아닌가 하는 생각이 들어요. 어머니 폐비 윤씨를 지키지 못했던 원통함을 다른 사람에게 전이시키는 거죠. 어머니를 지키지 못하는 정도가 아니라 직접 처단하게 함으로써 죄책감을 최고치로 끌어올리는 거예요.

그날　만약 저 사건이 여염에서 벌어졌다면 인륜에 어긋난다는 이유로 무조건 참형시켰을 거예요. 조선 시대에는 있을 수 없는 일이라고요. 왕실에서 저런 일들이 벌어졌다는 게 안 믿겨요.

신병주　전부 기록에 나오는 내용들입니다.† 그만큼 연산군의 패륜이 극에 달한 상황을 잘 보여 주는 거고, 사실 저것보다 더 극단적인 상황도 주저 없이 벌이는 인물이 연산군이에요.

신명호　연산군을 패륜아라고도 하지만 어머니 정을 그리는 불쌍한 인간이라고도 생각하지 않습니까? 아버지의 후궁을 그 아들로 하여금 때려죽이게 했다는 것은 일차적으로는 어머니의 복수라고 볼 수 있지만 조금 더 깊이 생각하면 아버지에 대한 적대감의 표현이거든요. 아버지에 대한 효심이 충분하고, 아버지를 이해했다면 이럴 수 없는 거죠.

---

† 항(안양군)과 봉(봉안군)은 정씨의 소생이다. 왕이 어머니 윤씨가 폐위되고 죽은 것이 엄씨와 정씨의 참소 때문이라 하여, 밤에 엄씨, 정씨를 대궐 뜰에 결박하여 놓고 손수 마구 치고 짓밟다가, 항과 봉을 불러 엄씨와 정씨를 가리키며 '이 죄인을 치라' 하니 항은 어두워서 누군지 모르고 치고, 봉은 어머니임을 알고 차마 장을 대지 못하니, 왕이 불쾌하게 여겨 사람을 시켜 마구 치되 갖은 참혹한 짓을 하여 마침내 죽였다.

— 『연산군일기』 10년 3월 20일

이름	한글	이융	한자	李㦕	본관		전주
출생		1476년 11월 7일			사망일		1506년 11월 6일
취미		시 짓기, 춤추기			특기		특이한 형벌 만들기

성격

17세에도 문리를 이해하지 못하니 가정에서 많은 지도 편달 바람
얼굴에 종기가 떨어지지 않고 입안이 헐거나 눈병에 걸리는 등 잔병치레가 잦음
병을 핑계로 서연을 자주 빼 먹으며 게으름을 피움
공부를 시키면 열심히 하지만 특출하지는 않음

연산군의 생활기록부

연산군의 어린 시절

그날   연산군이 처음부터 폭군이었을 리는 없잖아요. 그랬으면 분명 세자 시절에 문제가 됐을 텐데 왕까지 오른 걸 보면 원래는 정상적인 인물이었다가 나중에 광기가 폭발한 거라고 봐야 하지 않나요?

신명호   연산군은 사실 완벽한 정통성을 지닌 왕입니다. 왕비의 큰 아들, 즉 적장자였고, 후계자로서도 완벽한 교육을 받았어요. 그래서 즉위 초에는 기대도 많이 받았고 실제로 꽤 잘했다고 합니다.

그날   어린 시절 연산군의 모습은 어땠을지 궁금하죠? 그래서 저희가 연산군의 생활기록부를 준비해 봤습니다. 저는 저 부분이 굉장히 와 닿는데요. '공부는 열심히 하는데 특출하지는 않다.'

장유정   연산군이 시도 좋아하고 그림도 되게 좋아했잖아요. 예술 좋아하는 친구들이 저런 생활기록부 많이 받아 오죠.

그날   연산군의 취미가 시 짓기라고 들었어요. 지금까지도 백여 수의 시가 전해져 내려온다고 해요. 많이 버렸는데도 그렇다는 거예요.

신명호   왕이 시를 짓고 예술하는 것은 사실 금기입니다. 가능하면 철학처럼 이성적인 공부를 해야지 이런 감상적인 건 안 된다는 거죠. 근데 연산군은 반대로 한 거죠. 언관들도 늘 그걸 지적합니다.

그날 오히려 비뚤어지기 위해서 시에 더 몰두했을 수도 있겠네요. 힘들었겠어요. 감성을 억누른다는 게.

신병주 그렇죠. 그와 관련된 일화가 있어요. 연산군이 어린 시절에 거리에 나갔다가 돌아온 일이 있었는데, 성종이 "오늘 무슨 일이 있었느냐?" 하고 물어보자 "어미 소와 송아지가 같이 길을 가는데, 어미 소가 울자 송아지도 따라 우는 것을 보고 참 부러웠습니다" 했다는 거예요.†

그날 얘기가 정말 짠하네요. 어머니가 없었잖아요. 연산군 관련 기록들 중에는 이렇게 정서적으로 접근해서 연산군을 변명하는 대목들이 많은 것 같아요.

> † 윤씨가 폐위된 뒤에 폐주가 세자로 동궁에 있던 어느 날, "제가 거리에 나가 놀다 오겠습니다" 하므로 성종이 허락하였다. 저녁 때 대궐로 돌아오자 성종이 "네가 오늘 거리에 나가서 놀 때 무슨 기이한 일이 있더냐?" 하니 폐주는 "구경할 만한 것은 없었습니다. 다만 송아지 한 마리가 어미 소를 따라가는데, 그 어미 소가 소리를 하면 그 송아지도 문득 소리를 내어 응하여 어미와 새끼가 함께 살아 있으니 이것이 가장 부러운 일이었습니다" 하였다. 성종은 이 말을 듣고 슬피 여겼다. 대개 연산군이 본성을 잃은 것은 윤씨가 폐위된 데 원인이 있는 것이지만 왕위에 처음 올랐을 때는 자못 슬기롭고 총명한 임금으로 일컬어졌었다.
> ─ 『연려실기술』 「연산조 고사본말」

연산군은 엄격한 세자 교육에 잘 적응했을까?

그날 연산군은 어렸을 때 공부를 잘 못했다고 했는데, 세자 시절에는 계속 시험도 보고 뭔가 잘 하기를 강요받잖아요. 연산군도 굉장히 힘든 시절을 겪었겠어요.

신명호 열일곱 살이 됐는데도 문리를 못 뗐다고 하거든요. 『논어』나 『맹자』 같은 것을 읽으면서 떼어 읽기나 해석을 제대로 못했다는 겁니다.† 그래서 아버지인 성종이 늘 걱정을 하는 거죠. 성종은 사서삼경을 줄줄 외우는 분이니 아버지한테 가면 늘 무섭고 열등

감도 느끼고 주눅이 드는 거죠.

장유정 큰 아버지 밑에서 자식들이 잘 되면 좋은데, 그걸 뚫고 가기가 어려운 거잖아요. 형이 공부를 잘하면 동생 입장에서는 이유 없이 비교당하는 느낌을 받는 것처럼 연산군도 그랬을 것 같아요.

그날 연산군은 즉위 때까지는 나름대로 정상적인, 재능은 없어도 노력하는 사람이었는데, 즉위 후 어머니의 죽음을 알게 된 것이 광기의 기폭제가 되어서 폭군으로서의 면면이 드러나기 시작했다는 거군요.

† 세자의 나이가 지금 17세이나 문리(文理)를 이해하지 못하고 있으니, 내 심히 이를 근심하고 있다.
— 『성종실록』 23년 1월 19일

어머니가 폐위되었는데도 연산군이 세자가 된 까닭

그날 연산군이 폐비 윤씨의 죽음에 대해 알게 되면 굉장한 비극을 초래할 수도 있을 거라는 상상은 당시 사람들도 했을 것 같은데, 왜 하필 연산군을 세자로 삼은 걸까요?

신병주 그때는 왕실의 적장자라는 게 많이 강조되었던 것 같아요. 만약 다른 왕자가 있었다면 경쟁이 붙었겠지만 이때는 뒤에 중종이 되는 진성대군이 아직 태어나지 않은 상황이었고 나머지는 모두 후궁 소생들이었죠. 결국 당시에는 적장자라는 사실이 어머니가 폐위됐다는 약점보다 더 강조되었기 때문에 연산군이 왕세자로 책봉될 수 있었죠.

그날 성종은 폐비 윤씨 문제가 영원히 비밀에 묻힐 것이라고 믿었던 걸까요? 아니면 아들에 대한 신뢰, 설마 개가 이렇게까지 할까 하는 믿음 같은 게 있었던 건가요?

신명호 성종도 나름대로 준비를 했죠. 연산군이 세자니까 분명 왕이 될 텐데 그러면 그 사실을 모를 수 없거든요. 그래서 대책을 세웁니다. 폐비의 무덤을 만들고 제사를 지내면서 "내가 처분한 것을 절대 바꾸지 마라" 이렇게 유언을 내리죠.† 성종은 연산군이 그 말을 지켜줄 거라고 믿었던 거죠.

† 폐비의 제사 의식을 윤씨의 묘(墓)라 칭하고, 속절(俗節)에 제 지내도록 정하시며 성종께서, '백년 뒤에도 고치지 말고 아버지의 뜻을 준수하라'라고 명령하셨다.
— 『연산군일기』 2년 6월 13일

연산군, 어머니의 죽음에 대해 듣다

그날   연산군이 어머니 일을 언제 알게 되나요?

신명호   국왕이 돌아가시면 5개월째에 장례, 즉 국장을 치릅니다. 그때 무덤에 같이 묻을 묘지문이라는 것을 쓰거든요. 거기에 연산군이 윤기견의 딸 폐비 윤씨의 아들이라고 나온 거예요. 연산군은 그때까지 윤후의 딸, 정현왕후를 어머니로 알았는데 거기에 윤기견의 딸 이야기가 나오니까 "이게 누구냐, 잘못 된 거 아니냐?" 이렇게 물을 수밖에 없죠. 그때 승지들이 그간의 사정을 이야기 해 준거죠. 그게 얼마나 충격적이었는지 연산군이 밥도 못 먹었다는 기록이 있습니다.†

† 숙의 윤씨를 올려서 비(妃)를 삼으니 바로 판봉상시사 윤기견의 따님인데, 금상 전하를 탄생하였다.
— 「성종 대왕 묘지문」

왕이 성종의 묘지문을 보고 승정원에 전교하기를, "이른바 판봉상시사 윤기견이란 이는 어떤 사람이냐? 혹시 영돈녕 윤호를 기무(起畝)라 잘못 쓴 것이 아니냐?"하니, 승지들이 아뢰기를, "이는 실로 폐비 윤씨의 아버지인데, 윤씨가 왕비로 책봉되기 전에 죽었습니다" 하였다. 왕이 비로소 윤씨가 죄로 폐위되어 죽은 줄을 알고, 수라를 들지 않았다.
— 『연산군일기』 1년 3월 16일

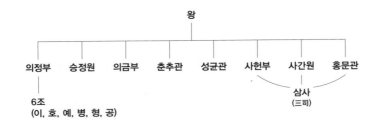

조선의 중앙 정치 기구

연산군이 바로 복수하지 않은 이유

그날 　그땐 이미 왕이었는데, 왜 바로 복수하지 않고 묵혀뒀을까요?

신병주 　연산군에게도 일종의 정치적 단계가 있었던 것 같아요. 당시는 연산군이 즉위한 지 얼마 되지 않았을 때라 정국 운영에 있어서 신하들의 협조가 꼭 필요했어요. 그러다 신하들이 힘이 너무 강해졌다고 판단했을 때, 또 왕권을 강화하고 자신의 스타일대로 정국을 운영해 나가야 할 시점에서 이 사건을 다시 끄집어낸 거죠.

그날 　모든 게 어머니의 복수 때문이라고 하기에는 뭔가 조금 부족한 거 같고, 다른 구조적인 문제가 분명 있었지요?

신병주 　왕을 중심으로 주요 권력 기관들이 있는데요. 그중에서도 삼사라고 불리는 사헌부, 사간원, 홍문관 대신들의 권력이 굉장히 셌죠. 특히 세조 때 공신들이 많이 배출되고 문제가 생기니까 성종 때 그런 대신들을 견제하기 위해서 삼사의 관원들, 즉 언관들을 적극 육성합니다. 삼사의 힘이 점점 강해져서 이젠 왕이 무슨 정책을 펴려고 하면 언관들이 '아니 되옵니다, 바로 잡으셔야 됩니다' 하고 반대를 하는 거예요. 그래도 성종은 적절하게 조화를 이루면서 정국 운영을 잘 해나갔는데, 연산군은 삼사를 그냥 두고 볼 수가 없었던 거죠.

신명호 흔히 언론 삼사라고 하죠. 말씀하신대로 삼사는 무슨 말을 해도 걸리지가 않습니다. 면책특권 같은 게 있었거든요. 그래서 무슨 말을 하다가 왕이 들어 주지 않으면 이 사람들이 전부 사직을 해 버립니다. 사헌부, 사간원, 홍문관이 돌아가면서 사직하는 형태로 계속 우기는 거죠. 50번, 60번, 70번 의견이 관철될 때까지.

그날 왕 입장에선 굉장히 피곤한 일이네요. 연산군은 아버지가 삼사 앞에서 쩔쩔매는 걸 봤으니 오랫동안 굉장히 답답하다고 생각했을 것 같아요. 그러다 보니 능상(凌上)이라는 개념에 집착하게 되지 않았나 싶은데, 이 능상이라는 게 정확히 무슨 뜻인가요?

신병주 능상은 위를 능멸한다, 요즘 말로 '기어오른다'는 뜻이에요.

그날 하극상 비슷한 뜻이군요.

신병주 연산군은 성종 때 삼사의 권한이 너무 강화되었기 때문에 '내가 왕이 되면 저들을 꼭 꺾어 놓겠다' 이런 의식이 있었던 것 같아요. 이 시점에서 중요한 게 연산군 집권 초기에는 언관의 권한이 너무 강하니까 대신들도 왕에게 그에 대한 문제 제기를 하거든요. 왕과 대신이 연합하는 형태를 띠죠. 언관들도 좀 긴장했을지도 몰라요. '연산군이 대신들과 힘을 모으려고 하는 구나' 하고 말이죠.

그날 조선이라는 나라는 근본적으로 왕권 강화라는 것 자체가 성립되기 어려웠던 나라가 아닌가 싶어요. 정도전이 처음 조선을 기획할 때부터 성리학적 이념을 기반으로 신권주의 재상 정치를 표방한 거 아닙니까?

신명호 연산군 입장에서 보면 '삼사 관원들은 허무맹랑한 이야기도 많이 하고 말만 내세운다' 이렇게 생각할 수 있습니다. 하지만 사실은 그것이 조선왕조가 이어질 수 있었던 힘이거든요.

무오사화의 발단,
김일손의 사초

1498년 7월 12일,
병 치료를 위해 시골에 내려가 있던
사관 김일손이 도성으로 압송됐다.

문제가 된 건 그가 작성한 사초
세조에 대한 불온한 내용을 썼다는 죄목이었다.

유출이 철저하게 금지된 사초
하지만 김일손의 사초는 연산군의 손에 들어갔다.

연산군 즉위 4년 만에 벌어진
사상 초유의 사초 유출 사건

사건의 진상을 두고
조정은 곧 긴장감에 휩싸인다.

사상 초유의 사초 유출 사건

그날　원칙적으로는 왕이 사초를 보면 안 되는 거잖아요. 그런데 이게
　　　어떻게 밖으로 샌 거예요?

신병주　연산군 때 『성종실록』을 편찬하잖아요. 그러면 기존에 모아 두
　　　었던 사초들을 전부 꺼내서 실록에 들어갈 내용을 뽑습니다. 당
　　　시 실록 편찬의 총책임자였던 실록청 당상이 이극돈[1]이라는 사
　　　람인데, 그 사람은 책임자니까 사초를 볼 수 있었어요. 그런데
　　　사초에 자기가 정희왕후 상중에 기생을 끼고 논 것이나 뇌물 받
　　　은 일 등이 전부 다 기록되어 있는 거예요. 그래서 당시 사관이
　　　었던 김일손[2]과 거래를 하려고 해요. '이 내용을 빼 주면 앞으로
　　　승진을 도와주겠다' 했는데, 김일손은 사림 출신에다 비판 의식
　　　으로 무장된 사람이었어요. 당연히 타협을 거부했죠. 여기에 앙
　　　심을 품은 이극돈이 김일손의 약점을 잡으려고 그의 사초를 전
　　　부 조사하게 했어요. 그때 조사를 맡았던 인물이 유자광[3]입니다.
　　　유자광은 검증된 간신이잖아요. 그가 이때 바로 한건하는 거죠.

김일손이 남긴 불온한 기록

그날　그렇게 찾아낸 게 세조에 대한 불온한 기록이었다는 얘기를 들
　　　었는데, 세조 시기면 일단 실제 사건들이 불온할 수밖에 없지 않
　　　나요? 어떤 내용들이 쓰여 있었나요?

신명호　세조의 큰 아들 의경세자가 세자로 봉해졌을 때 자손을 많이 낳
　　　으라고 후궁 세 명을 들였는데요. 의경세자가 일찍 죽습니다. 그
　　　뒤에 세조가 과부가 된 며느리들을 은밀하게 불렀다는 거예요.
　　　이 사건을 약간 패륜적인 뉘앙스로 썼다는 겁니다.[†] 거기다 사육
　　　신은 충신이고 계유정난은 나쁘다, 즉 수양대군이 반역 행위를
　　　했다는 식으로 적은 부분이 있었던 거죠.

그날　결정적으로 이때「조의제문」이 등장하는 거죠?

신병주　그 사초의 작성자가 김일손이고, 김일손의 스승인 김종직이 쓴
　　　　게「조의제문」이에요. 이 부분에서 많이들 실수하는데 조, 의제
　　　　문 이렇게 띄어 읽어야 해요. 어쨌거나 의제[4]는 부하 항우에 의
　　　　해서 죽임을 당한 사람이에요. 세조를 대놓고 비판하지는 못하
　　　　니까 주군을 죽인 항우 사례를 빗대서 단종을 죽인 세조를 은근
　　　　히 비판한 거죠. 그게「조의제문」인데 김일손이 이 글을 사초에
　　　　실은 거예요. 세조에 대한 강한 반감의 표시였죠. 결국 이게 공
　　　　개되고 연산군이 이를 왕에 대한 모독이라고 받아들이면서 사초
　　　　작성자인 김일손 비롯한 관련자들이 대거 체포됩니다.

그날　안 그래도 삼사 때문에 스트레스 받고 있었고, 사림들을 벼르고
　　　　있었는데 딱 걸린 거죠.

장유정　사초를 본 사람은 연산군뿐인가요? 그 뒤로는 없었나요?

신병주　사관들이 쓴 사초를 왕이 공식적으로 본 것은 연산군이 유일합
　　　　니다. 나중에 정조가『승정원일기』내용 가운데 아버지 사도세
　　　　자의 죽음에 관한 내용을 없애 달라고 한 적은 있어요.

그날　그런 걸 보면 이러니저러니 해도 조선 시대 국왕들이 참 훌륭하
　　　　신 분들이에요. 규범을 잘 지키고, 사관의 독립성을 인정해 주잖
　　　　아요. 그나저나 무오사화 이후에는 삼사의 언관들이 할 말을 거
　　　　의 못하게 된다고 들었어요. 심지어는 아예 그 자리에 앉지 않으
　　　　려고까지 했다고요. 그런데 저는 이 부분에서 지식인들의 나약
　　　　함과 위선, 허위의식 같은 걸 느껴요. 목에 칼이 들어와도 할 말
　　　　은 해야 하는 게 삼사 아니에요? 왕이 광기를 보이기 시작하니까
　　　　지식인들도 어쩔 수 없었던 걸까요? 연산군의 광기가 정확히 어
　　　　떤 식으로 진행됐기에 지식인들이 이토록 나약해졌나요?

신명호　연산군이 주로 한 게 주색잡기, 궁궐 확장, 사냥 이런 것들입니

다. 정말 자기가 하고 싶은 대로 하고 살았죠. 삼사가 이를 거의 견제하지 못합니다.

> † "네가 《성종실록(成宗實錄)》에 세조조의 일을 기록했다는데, 바른 대로 말하라" 하니, 일손이 아뢰기를, "신이 어찌 감히 숨기오리까. 신이 듣자오니 '권 귀인은 바로 덕종(의경세자)의 후궁이온데, 세조께서 일찍이 부르셨는데도 권씨가 분부를 받들지 아니했다' 하옵기로 신은 이 사실을 썼습니다."
> ─ 『연산군일기』 4년 7월 12일

연산군의 기녀, 흥청

그날　이 무렵 심각한 재정 문제가 생기잖아요. 우리가 지금도 돈을 함부로 쓰는 걸 두고 흥청망청이라는 표현을 쓰는데, 연산군이 뽑았던 특별 기녀들이 바로 흥청이었다고 해요. 문제는 흥청을 관리하기 위해 막대한 국가 예산이 소요된다는 거죠. 어쨌든 흥청 이야기가 나온 김에 연산군 때의 기녀에 대해서 좀 더 자세히 알아보겠습니다. 흔히 알고 있는 기녀와 흥청은 어떻게 다른가요?

조광국　네, 연산군은 기녀 제도를 확대하여 운평 제도를 개편하고는 운평 1000명, 흥청 300명을 채웁니다. 흥청은 운평보다 수준이 높은 기녀입니다. 흥청을 다시 셋으로 구분했는데요. 첫째 왕의 사랑을 흡족하게 받은 천과흥청(天科興淸), 둘째 왕의 사랑을 받지 못한 지과흥청(地科興淸), 그 사이에 반천과흥청(半天科興淸)이 있습니다.

장유정　조선 시대 인구가 얼마나 됐다고 그렇게 많은 미녀들을 뽑아 올렸을까 싶은데요. 도대체 어떤 사람들이 선발됐고, 또 그 선발 기준은 무엇이었는지 궁금합니다.

조광국　선발 기준은 세 가지입니다. 첫째 아름다울 것, 둘째 음악성이 있을 것, 셋째 활달할 것. 연산군은 흥청과 운평의 수가 채워지지 않으면 계속 독촉을 했습니다. 그 성화에 못 이겨 흥청을 잘못 뽑았다가 혼쭐난 사람도 있습니다. 전국 관아에 있는 관비와

신윤복, 「주유청강」, 「혜원 전신첩」, 간송미술관 소장

기생들을 우선 대상으로 했고, 심지어는 개인 몸종이나 양가집 부녀자들까지 강제로 뽑았습니다.

그날 부녀자도요?

조광국 네, 사회적 물의가 매우 컸습니다.

그날 흥청이라고 하면 어쨌든 국왕의 기녀, 특별한 기녀잖아요? 그럼 이분들에게는 특별한 혜택 같은 게 따로 있었나요?

조광국 네, 있었죠. 녹봉도 주고 몸종도 붙여 줬습니다. 일종의 병원인 청환각과 식료품 저장 창고인 호화고도 별도로 두었습니다. 흥청이 쓸 것을 흥청들의 출신지에서 대게 했기 때문에 해당 지역 백성들은 삶이 고달파서 도망치기도 했습니다. 연산군의 향락 생활과 음탕한 삶은 연산군 개인의 비뚤어진 욕망에서 비롯된 것이지만 여기에 기름을 부은 것이 바로 조선 시대의 기녀 제도였다, 이렇게 말씀드릴 수 있습니다.

그날　혹시 홍청 가운데 유명한 사람이 있나요?

조광국　대표적으로 장녹수가 있습니다. 그녀는 원래 제안대군 집 노비의 아내였습니다. 천민이었죠. 아들까지 낳았어요. 그런 그녀가 노래와 춤을 배워서 기녀가 되었습니다. 서른 살인데도 열여섯 살로 보이는 동안인 데다가 노래까지 잘했습니다. 장녹수는 한 마디로 치명적인 유혹자, 팜므파탈의 전형이었어요.

그날　교수님은 조선사를 통틀어 최고의 기녀가 누구라고 생각하십니까?

조광국　기녀 중의 기녀는 물론 황진이입니다. 다른 기생들은 서울로 올라오려고 애를 썼지만 황진이는 서울에 올라가지 않았습니다. 대신 '서울에 있는 선비 벼슬아치들아, 당신들이 나에게 오라' 이렇게 말했죠.

그날　그렇군요. 오늘 흥미로운 이야기 많이 들었습니다. 감사합니다.

연산군과 여성들을 둘러싼 추문

그날　조선 시대 기녀 이야기를 들으면서 '연산군의 여성 편력이 소문대로 정말 대단했구나' 하고 실감했습니다. 여성과 관련된 추문이 굉장히 많았죠? 몇 가지 좀 알려주세요.

신병주　예를 들어 잔치에 참여한 부녀자들에게 이름표 같은 걸 붙이게 해요. 그런 다음 그 이름표를 보고 마음에 드는 여자를 찍어 두는 거죠. "너하고 너는 남아라" 이렇게요.

그날　대신들의 부인을요?

신병주　네, 대신들의 부인에게 남으라고 하죠. 박숭질의 아내라는 사람은 열흘간 연산군하고 함께 있다 나왔다는 기록도 있습니다.†

그날　이게 정말 가능한 얘기에요? 있을 수 없는 일이죠. 대신들은 바

고종의 주정소

보들입니까?

신명호 연산군의 여성 편력에 대해서는 과장된 부분도 있겠지만 기록을
        보면 거의 사실이 아니었나 싶습니다. 엽기적인 사건도 많은데,
        예를 들어 연산군은 행차할 때 거사(擧舍)라는 가마를 갖고 다녔
        어요. 들 거 자에 집 사 자를 씁니다. 들고 다니는 집이라는 뜻이
        죠. 그 안에 흥청이나 후궁을 태우고 행차하는 길에 거사를 치르
        는 일도 많았다고 해요.

그날   말하자면 이동식 러브호텔인 거죠. 정말 충격이네요. 사실 전에
        창덕궁에 갔을 때 고종이 사용하던 이동식 거처[5]를 본 적이 있어
        요. 역대 왕들이 다 거사를 가지고 있었다는 거예요. 결국 이건 어

떻게 활용했느냐, 거기에 어떤 사람을 태웠냐 하는 문제인 거죠.

† 박숭질의 아내 정씨가 나이 젊고 얼굴이 아름다워서 왕이 가장 사랑했다. 정씨는
자주 궁에 들어가 열흘이 지나서야 나오곤 했다.
— 『연산군일기』 11년 8월 25일

중종 때 작성된 『연산군일기』 믿을 수 있나

장유정 『연산군일기』라는 게 사실 중종 때 작성되잖아요. 연산군이 좋
지 않게 자리에서 물러난 후인데, 그렇게 본다면 남은 신하들이
사실을 정말 있는 그대로 썼을까요?

신병주 그건 실록의 성격과 관련된 문제인데요. 실록은 기본적으로 사
초를 바탕으로 합니다. 여기서 또 중요한 것은 실록이 편집된 자
료라는 거예요. 그러니까 기록된 사초를 전부 싣는 게 아니라 그
중에서 후대에 남길 만한 내용들만 뽑아 쓴다는 거죠. 그러니 중
종반정 이후에 편찬된 『연산군일기』는 아무래도 연산군에게 불
리한 내용을 많이 담고 있는 것은 분명할 겁니다. 그래야 반정의
명분이 사니까요. 따라서 연산군의 패륜적인 행위라던가 국고
탕진, 사치, 향락 이런 거는 아주 작은 일이라도 실록에 넣었을
가능성이 많고 잘한 내용은 오히려 빠뜨렸을 가능성이 있죠.

장유정 아, 편집한 거군요. 「역사저널 그날」 방영될 때 보면 우리는 왜 바보
같이 얘기한 것만 나갔지? 멋있는 얘기한건 다 빠지고, 이런 것처럼.

신병주 그래도 중요한 것은 하지 않은 말을 집어넣진 않죠. 본인이 한
말이 나간 거예요. 결국은 전부 사실이 나간다는 거죠.

연산군은 왜 권력을 제대로 쓰지 못했을까?

그날 결국 연산군이 이렇게 피를 많이 봤던 건 왕권 강화를 위해서였
는데, 그 엄청난 권력을 손에 넣고 국방에 힘을 쏟는다든지, 정

치 쪽으로 강화를 하든지 이런 게 아니었어요. 왜 그랬나요?

신병주 연산군 이전에 왕권 강화를 추구한 대표적인 왕으로 태종이나 세조를 꼽잖아요. 그들은 강한 왕권을 바탕으로 중앙 집권 체제를 정비하거나 북방을 개척하는 등, 국익이 되는 또는 민생 안정을 위한 정책들을 펴나간 데 반해 연산군은 그런 데 힘을 쏟지 않았죠. 철저하게 자기의 즐거움, 향락 이런 것을 위주로 했어요.

그날 연산군이 무오사화를 통해 권력을 손에 쥔 후로 폭정이 계속되잖아요. 아마 무오사화 때 연산군 편에 섰던 대신들은 아차 싶었겠어요?

신병주 그렇죠. 무오사화 때 연산군을 지원해 주었던 대신들조차 연산군의 사치와 향락이 너무 심해지니까 이를 견제하는 모습을 보여요. 무오사화 때는 삼사의 젊은 언관들이 주목표였는데, 이제는 대신들도 적으로 여기게 된 거예요. 또 한 번 광풍이 몰아치죠.

노대신

이세좌의 실수

갑자사화 1년 전인 1503년,
연산군은 인정전에서 연회를 베푼다.

잔치가 진행되면서 점점 흥이 난 연산군은
참석한 대신들에게 술을 한 잔씩 내린다.
평소 술이 약한 이세좌도 임금의 술을 받는다.

"예판께서는 당시 승정원의 좌승지셨다고요."

이세좌는 술을 엎질러 용포를 적시고 만다.

"이세좌가 임금이 어리다고 하여
불손한 것을 내가 모를 줄 아십니까?"

크게 노한 연산군은 이세좌를 국문할 것을 지시한다.

노대신 이세좌의 실수,
연산군은 왜 이렇게까지 화를 낸 것일까?

이세좌, 임금이 내린 술을 쏟다

그날   취하면 실수할 수도 있는 거 아닌가요? 임금이 내린 술을 쏟았다는 게 그렇게 큰 죄입니까?

신병주   연산군이 제일 강조했던 것 중에 하나가 능상이었어요. 왕을 우습게 보는 짓은 절대 용납하지 못한다는 거죠. 저런 사례 말고도 왕 앞에서 웃었다는 이유로 곤장을 맞기도 하고, 벌주를 쳤는데 침을 흘렸다고 국문을 시킨 적도 있어요.† 심지어 이건 확증도 없었어요. 누군가가 침을 흘린 것 같다는 이야기를 들은 것뿐이었죠.

그날   결핍이 심하고, 존경받지 못하는 사람일수록 남들이 자신을 무시하는 데 민감하게 반응하잖아요. 연산군도 왕이었음에도 불구하고 콤플렉스나 피해 의식 같은 게 있었던 것 같아요.

장유정   자존감이 워낙 부족했기 때문에 신하에 대한 배려나 관대함이 없었던 거죠. 연산군이 계속 '이건 능상이다. 네가 지금 나를 능멸하느냐? 내가 아버지보다 못하다는 것이냐?' 이렇게 하니까, 조정 신하들은 스트레스와 압박감을 받게 되고, 결국은 그게 폭발하는 거죠.

그날   부하 직원에게는 자존감 없는 상사가 정말 최악인데, 그게 왕이면 더 말할 게 없겠죠.

> † 내관 박승은이 임금 앞에서 웃음을 머금었으니 장 1백을 치라.
> ─『연산군일기』 6년 6월 9일
>
> 벌주를 마실 때에 침을 흘리는 사람이 있었는데, 내 짐작에 최응현인 듯하니 국문하라.
> ─『연산군일기』 8년 3월 2일

연산군과 이세좌의 악연

그날 　결국 이럴 때 제일 무서운 건 사실 시범 케이스거든요. 이세좌도 약간 그런 경우인 것 같아요.

신명호 　말씀하신 대로 이세좌가 시범 케이스가 된 이유는 그가 예조판서였기 때문입니다. 예조판서라 하면 솔선수범해서 예를 지켜야 할 사람인데, 이 사람이 자기한테 술을 쏟았다는 거예요. '그러니까 의도적으로 그랬느냐? 예 전문가가 왜 그랬느냐? 이유를 막론하고 네가 술을 쏟았으니 일벌백계 하겠다' 이러면서 전라도로 귀양을 보내죠.

그날 　그런데 원래 연산군이 이세좌와 악연이 있다면서요?

신명호 　네, 이세좌는 폐비 윤씨를 사사할 때 형방승지로서 사약을 가져간 악연이 있습니다. 물론 그 영향도 있었을 것 같아요.

그날 　그건 너무 억울한 일이네요. 어명 받고 한 일이잖아요.

장유정 　사람들이 걸을 때마다, 술 마실 때마다 연산군 앞에서 숨소리 하나 쉽게 못 내쉬는 상황이었다고 하니, 완전히 독재자의 폐해였네요.

갑자사화의 시작

신명호 　이세좌 사건은 결국 갑자사화로 이어집니다. 이세좌가 예조판서, 즉 대신이잖아요. 연산군 입장은 어쨌든 대신이 왕 앞에서 잘못을 했으면 말 잘하는 대간들이 나서서 그를 처벌하라고 이야기해야 하는 게 아니냐는 거죠. '너희들 짜고 그러는 거 아니냐?' 그러면서 대신들과 대간들까지 한꺼번에 몰아서 처벌하려고 해요. 그때 임사홍이 '폐비 윤씨가 억울하게 중상모략을 당해 돌아가셨습니다' 이렇게 이야기를 하니까 연산군이 대신과 삼사 관료들뿐 아니라 자기 가족들, 예를 들어 아버지의 후궁과 유모, 이런 사람들을 대상으로 복수의 칼날을 휘두르게 되죠.

장유정 임사홍이라는 인물은 무엇 때문에 그 순간 폐비 윤씨 이야기를 꺼냈을까요? 개인적인 욕망이 때문이었을까요? 저는 자신의 정치적 입지를 강화하기 위한 행동이 아니었나 싶어요.

그날 사적인 욕망인 거네요.

신병주 사실 이때는 연산군이 신하들에게 권력을 과시하고 싶어 하던 시점이었고, 때마침 임사홍이 정치 세력의 교체나 일부 대신들에 대한 견제 같은 일을 지원했던 거죠.

그날 둘의 욕망이 맞아떨어진 거네요.

연산군이 직접 고안한 잔인한 형벌

그날 연산군의 폭정, 거의 피해망상증 수준이네요. 공포를 통해서 권위를 세우는 것만큼 무식한 방법이 없죠. 주지육림으로 유명한 상나라 주왕[6]이 있잖아요? 그분도 폭정을 일삼다가 결국 몰락해서 스스로 불길에 뛰어 든다고요. 역사적으로 폭군들이 성공한 예가 없어요. 연산군이 역사 공부를 좀 했더라면 '그러면 안 되는구나!' 하는 걸 깨달았을 텐데, 공부를 열심히 안 한 거죠. 그런데 또 다른 공부는 열심히 한 것 같은 게, 왜 중국에 굉장히 끔찍한 형벌들이 있잖아요. 연산군이 그것들을 뛰어넘는 잔인한 형벌들을 개발해 냈다면서요?

신병주 부관참시[7]는 많이 들어보셨죠? 시신을 꺼내서 목을 베는 형벌. 이게 바로 연산군 때 생긴 창의적인 형벌이고요. 몇 가지가 더 있는데 혹시 쇄골표풍(碎骨飄風)이라는 형벌 알아요?

그날 쇄골, 일단 뼈를 간다는 얘기겠죠?

장유정 표풍은 바람에 날리는 거?

그날 네, 맞습니다. 이건 좀 알려진 형벌이었죠.

신병주 그럼 천장(穿掌)은 무슨 형벌일까요?

그날   천장은 제가 알 것 같아요. 티베트에서는 사람이 죽으면 조장⁸을
               하잖아요. 새가 시신을 먹게 하는 거요. 그걸 조장이라고도 하고
               천장이라고도 하는데, 그런 형벌 아니었을까요?

신병주   그건 티베트에서 그런 거고 조선은 그렇지 않습니다. 천장이라
               는 건 뚫을 천 자에 손바닥 장 자를 씁니다. 손바닥에 구멍을 뚫
               는다는 거죠.

그날   연산군의 콤플렉스와 사람에 대한 분노, 이런 감정들이 '어떻게
               하면 좀 더 효과적으로 사람을 해할 수 있을까?' 하는 생각으로
               표출된 거군요.

갑자사화, 어머니를 위한 복수인가

그날   갑자사화 때 얼마나 많은 사람들이 피해를 입은 건가요?

신명호   무오사화 때는 40여 명 정도가 처벌받았다고 하거든요. 그런데
               갑자사화 때는 그 여섯 배인 239명이 처형됐다니까 규모가 대단
               히 커진 거죠. 무오사화 때 사형당한 사람이 여섯 명인데 갑자사
               화 때는 122명이니까 여기서도 20배 이상 차이가 납니다. 규모
               나 잔혹성 모두 무오사화 때와 비교할 수 없을 정도로 아주 심각
               해진 거죠.

그날   그렇다면 갑자사화를 폐비 윤씨 사건에 대한 복수로 봐야 할까요,
               아니면 정치적 고립을 극복하기 위한 결단이라고 봐야 할까요?

신병주   어머니를 위한 복수라고 보기는 어려울 것 같아요. 실제로 갑자
               사화 이후에는 어머니 기일에도 유흥을 즐기고 심지어는 사람들
               앞에서 발가벗고 교합했다는 기록까지 있습니다.[†]

그날   어머니 기일에 사람들 앞에서요?

신병주   네, 많은 사람들이 보아도 신경도 쓰지 않았다는 기록이 나와요.
               그래서 저는 이런 정황을 볼 때 어머니를 위한 복수라는 건 말도

안 되고, 연산군의 성격 문제였던 것 같아요.

장유정   사실 연산군도 세자 때는 좀 정상적이었는데, 무오사화, 갑자사화를 거치면서 끓어오르는 광기를 펼칠 방법이 없으니까 능상이든 폐비 윤씨든 갖다 붙인 게 아닌가 싶어요. 그냥 사이코패스 같은 짓을 한 거죠.

신명호   연산군이 어머니 기일에 이런 시도 지었다 그래요.

> 어머님 나이야 길든 짧든 운수라고 단념하지만
>
> 나만은 타고난 그대로 살리라.
>
> ─『연산군일기』 12년 1월 1일

이제 어머니하고 아무 관계없이 자기는 잘 먹고 잘 살겠다는 거죠.

그날   시도 졸렬하기 짝이 없네요.

† 왕이 후원에서 나인들을 거느리고 종일 희롱하고 놀며 노래하고 춤추었는데, 이날은 곧 폐비 윤씨의 기일이었다. 왕은 또 발가벗고 교합하기를 즐겨 비록 많은 사람이 있는 데서도 피하지 않았다.
─『연산군일기』 12년 8월 15일

갑자사화 이후 나타난 변화

그날   이렇게 많은 사람들이 화를 입었으니 조정에도 어느 정도 변화가 있었을 것 같아요.

신병주   제도적으로도 탄압의 강도가 더 심해져요. 언론 삼사를 전부 탄압하죠. 홍문관 폐지하고, 사헌부의 지평[9]제며 사간원의 정언[10] 제도 없애버려요. 그런 식으로 삼사를 거의 무력화해 버립니다. 자기를 비판하지 말라는 거죠.

신명호 　또 재밌는 게 측근 환관들, 궁녀들에게 '신언패'라는 걸 차고 다니라고 해요. 삼가할 신(愼) 자, 말씀 언(言) 자를 쓰거든요. 그러니까 말을 삼가는 패라는 거죠. 거기다 이렇게 써 놨다고 해요.

입은 화의 문이고,	口是禍之門
혀는 몸을 베는 칼이다.	舌是斬身刀
입을 닫고 혀를 깊이 감추면,	閉口深藏舌
몸이 편안하고 어디서나 굳건할 것이다.	安身處處牢

　　　봐도 못 본 척 알아도 모른 척 조용히 살아라, 이런 얘기죠.

그날 　세 치 혀 함부로 놀리지 마라. 독재 시대에 언론 통제와 같은 거죠. 패라는 게 사실 실제로 몸에 지니고 있으면 굉장히 수치스러우면서도 주눅도 들고 정말 할 말을 못 하게 될 것 같아요. 말문이 확 막히겠죠.

신병주 　연산군 시대는 패 공화국이라고 할 만큼 패 만드는 걸 되게 좋아해요. 우리도 감사패, 상패 이런 거 좋아하는 사람들 있잖아요? 조선 시대에는 승명패(承命牌)라고 해서 왕명을 수행하는 중임을 뜻하는 패가 있었어요. 내관들이 이걸 들고 다니면 왕의 명령이니까 아무리 높은 고관이라도 말에서 내려 엎드려 있어야 돼요. 그리고 또 허한패(許閑牌), 한가함을 허락하는 패라는 뜻인데, 이건 왕이 쉬라고 할 때만 쉬어야 된다, 이런 거죠. 한가함을 허락한다는 말이니까.

장유정 　그 패를 받아야만 쉬고 퇴근하고 그런 건가요?

신병주 　네, 그런 걸 만들어서 신하들을 압박하려는 거죠.

그날 　패를 너무 남용한 거 아닌가요? 충성 사모[11]라는 것도 만들었다면서요? 앞뒤로 한 글자씩 충, 성이라고 적혀 있는 감투를 말예요. 그런 걸 쓰고 다닌다면 정말 수치스러울 것 같아요.

신병주   강요된 충성이죠. 당시 사람들도 패러디 같은 것을 해요. 그래서 충성 사모라고 쓰는데 한자로 속일 사(詐) 자에 꾀할 모(謀) 자를 썼어요. 연산군의 충성은 사람 속이는 가짜라는 거죠.

그날   조롱한 거군요.

연산군은 백성들의 눈이 무섭지 않았을까?

그날   사실 백성들 눈 무서워서라도 폭정을 그만둘 법도 한데 그런 자 각은 없었나요?

신병주   연산군 스스로도 불안함을 느껴요. '언젠가는 백성들이 이 폭정 에 저항할 거다. 신하들도 가만있지 않을 거다' 그런 불안 때문 에 자기 사생활을 보호하기 위해서 창덕궁 담장도 높이 쌓고, 웬 만한 지역에는 금표를 세워서 왕의 공간으로 한정하는 조치를 내리기도 하죠.

장유정   앞뒤 모르는 천방지축은 아니었던 거네요. 무서운 것도 있고, 두 려운 것도 있고, 불안한 것도 있으니까 담도 쌓고 그랬겠죠.

그날   금표를 딱 박아 놓으면 그 안에는 전부 다 그린벨트처럼 되는 건가요?

신병주   네, 보통 사람들은 거기에 들어가지 못하게 되죠. 금표라는 비석 을 세워 놓으면 그 안이 금표 구역이 되는 거예요.

신명호   사방 100리 정도에 금표를 세워서 사람들의 출입을 막았습니다. 일단 금표 구역으로 지정하면 거기 사는 분들은 이주를 시켜야겠 죠. 제대로 보상해 주고 잘 설득해서 내보내면 되는데 3분의 1 정 도가 강제 철거니까 백성들의 불만이 치솟을 수밖에 없죠. 금표 가 넓어지는 만큼 연산군은 정치적으로 고립되어 갔던 겁니다.

신병주   실제로 금표 지역의 대부분이 경기도다 보니까 경기도에서 하소 연을 해요. 땅이 너무 좁아졌다. 그래서 원래는 충청도 소속이었던 평택을 경기도로 편입시켜요.

그날 　 신하들이 이렇게 임금이 횡포를 부리도록 됐다는 게 이해가 안 가요.

신병주 　 '아니되옵니다'에서 '지당하십니다'로 바뀌어서 그 분위기가 지속되다가 '이런 정치가 계속되면 우리 모두 죽는다'는 생각이 생겨납니다. 일종의 공멸 의식 같은 거라고 할까요? 어쨌든 그 과정에서 연산군을 몰아내는 반정이 일어나게 되죠.

그날 　 조선의 국시가 왕권과 신권의 합리적인 조화 아닌가요? 아무리 왕이 힘으로 찍어 누른다고 해도 그대로 무너질 나라는 아니었다는 거죠.

사자성어로 표현한 연산군

최원정 　 연산군이 어머니의 복수를 시작한 날의 이야기 살펴봤는데요. 연산군은 부관참시, 쇄골표풍 같은 엽기적인 단어를 만든 인물이죠. 그런 맥락에서 연산군에 관한 오늘의 소회를 사자성어로 마무리해 보도록 하겠습니다.

이해영 　 우보만리라는 말이 있잖아요? 우직한 소의 발걸음이 만 리를 간다. 이걸 살짝 틀어서 광보만리, 미친 발걸음이 만 리에 기세를 떨쳐서 모든 사람들을 숨죽이게 한다, 이렇게 표현해 봤습니다.

신명호 　 연산군 하면 분기탱천이라는 말이 제일 먼저 생각납니다. 연산군은 자기 가족뿐 아니라 세상 모든 사람들에게 분기탱천해 있었고, 세상 사람들은 또 그런 연산군한테 분기탱천한 것 같아요.

장유정 　 천인이 공노할 짓을 많이 했죠. 그래서 천인공노 하겠습니다.

류근 　 제가 지금 말하려는 사자성어가 딱 이거예요. '고마해라' 당시 사림들과 대신들의 가해자였던 연산군, 특히 갑자사화를 전후로 한 연산군의 광기는 대단히 과잉한 측면이 있었다는 거예요.

조선
왕릉의
비밀

인릉(위), 헌릉(가운데), 회릉(아래)

유네스코 세계유산으로 등재된 자랑스러운 문화유산, 조선 왕릉

그날   2014년 6월 22일 남한산성이 유네스코 세계유산으로 등재됐다는 자랑스러운 소식을 들었는데요. 그래서 오늘은 유네스코 세계유산 특집을 마련했습니다. 오늘은 그 첫 번째로 조선 왕릉에 대해 이야기 나눠 보겠습니다.

장유정   흔히 세계유산 하면 피라미드나 알함브라 궁전, 타지마할 같은 걸 떠올리잖아요. 사람들이 외국의 문화유산에 대해서는 관심도 많고 여행 가서 사진도 찍고 그러는데 사실 한국에 어떤 문화유산이 있는지 잘 모른다는 게 좀 아쉬워요.

그날   조선 왕릉은 언제 유네스코 세계유산으로 등재되었나요?

김문식   2009년 6월 27일이에요. 조선 시대에는 대략 스물일곱 분의 왕과 왕비, 황제와 황후가 있는데 그분들의 무덤이 모두 현존합니다. 그중 북한에 있는 후릉과 지릉, 이 두 개를 제외한 40개가 모두 세계유산에 등재되었습니다.

장유정   태조께서 승하한 날이 음력 5월 24일이래요. 그걸 양력으로 바꿔 보면 6월 27일이고요. 참 신기한 우연이죠?

왕릉과 왕비릉은 어떻게 구분할까?

그날   조선 왕릉, 시작부터 흥미진진한 느낌입니다. 사진에 무덤 두 기가 나란히 있는데요. 이 가운데 어느 쪽이 왕이고, 왕비일까요?

류근   봉분 모양을 볼 때 뾰족한 게 남자 거고, 완만한 게 여자 거 같아요.

신병주   정면에서 볼 때 왼쪽에 있는 것이 왕이 무덤입니다. 뒤에서 보면 오른쪽이 되죠. 보통 살아생전에는 좌상우하(左上右下)라고 해요. 왼쪽이 높고 오른쪽이 낮다는 거죠. 그래서 삼정승 중에서 영의정 다음이 좌의정이거든요. 그 다음이 우의정이고요. 그런데 돌아가시면 이게 바뀌어요. 돌아가신 분을 기준으로 우상좌

태종 헌릉

하(右上左下)가 되죠. 그래서 무덤 뒤편에서 볼 때 오른쪽이 높은 분, 즉 왕의 무덤이 됩니다.

류근 소 뒷발에 쥐잡기 격으로 맞추기는 했는데, 의미가 전혀 다른 거였네요.

세종 무덤이

여주로 간 까닭은?

1450년, 세종이 승하했다.

맏아들 문종은 유언에 따라 왕릉 조성에 들어간다.

세종 생전에 마련해 두었던 장지는 태종이 잠들어 있는

헌릉 근처, 그런데 그 터를 두고 흉흉한 소문이 돌았다.

장남을 잃을 땅이라는 것이다.

> 최양선이 수릉의 혈 자리가 좋지 못해
>
> '손이 끊어지고 맏아들을 잃는다'고 하였다.
>
> ─『세종실록』 25년 2월 2일

풍수가들의 예언은 세종의 장남 문종의 죽음을

시작으로 논란의 중심에 서게 된다.

문종의 외아들이었던 단종마저 유배지에서

죽음을 맞고 단종을 밀어내고 왕이 된 세조 역시

맏아들 의경세자를 잃고 마는데⋯⋯.

왕실의 대를 이을 장남들의 잇따른 죽음,

결국 세종의 영릉은 여주 지역으로 옮겨지게 된다.

장남들의 잇따른 죽음과 세종 왕릉의 천릉,

과연 그 진실은 무엇일까?

그날   장자들의 잇따른 죽음이 세종의 무덤 때문이라는 이야기, 이거 굉장히 오싹한데요?

장유정   한국사 시간에 선생님이 '조선 왕릉의 무서운 비밀을 알고 있니?' 이렇게 이야기를 시작하면 수업이 훨씬 재밌을 것 같아요.

그날   졸던 학생들도 벌떡 일어나서 들을 것 같아요.

김문식   세종은 미리 무덤 자리를 결정해 뒀어요. 죽기 전에 조성하는 무덤을 수릉¹이라고 하는데, 이건 사실 장수를 기원하는 거죠. 어쨌든 세종은 40대 후반부터 수릉지를 찾기 시작하는데, 신하들에게 의견도 묻고 답사도 다녀오게 하다가 결국 부모님이 계신 헌릉 옆에 수릉을 마련합니다. 장지를 결정한 다음 해에 바로 소헌왕후가 돌아가세요. 그래서 소헌왕후를 먼저 영릉에 모십니다. 세종 역시 돌아가신 후에 소헌왕후 곁으로 가시고요.

신병주   서운관 부정 최양선이라는 사람이 세종의 수릉을 정할 때, 이곳이 풍수지리적으로 문제가 많다고 해요. 여기에 무덤을 쓰면 절사손장자(絕嗣損長子), 즉 손이 끊어지고 장자를 잃을 수 있다는 이야기를 했어요. 그런데 이게 실제로 맞아떨어진 거죠. 문종도 일찍 돌아가셨고, 문종의 아들 단종도 유배지에서 돌아가셨고, 세조의 장남인 의경세자도 상당히 일찍 돌아가셨고요. 거기다가 예종의 아들 인성대군도 세 살 때 죽어요. 그냥 무시하기에는 예언이 너무 잘 맞으니까, 결국 세종의 왕릉을 옮기게 된 거죠.

세종이 원래 수릉지를 고집한 이유

장유정   세종은 그 자리가 흉당인 걸 몰랐나요?

김문식   흉당이란 증거는 없어요. 최양선이라는 지관은 부정적으로 이야기했지만, 세종의 아들들이나 신하들은 여러 차례 답사하면서 상당히 좋게 평가했거든요. 부모님을 가까이 모시면서 효도하겠다는 의미도 있었을 거고요.

장유정   죽어서까지 효도를 하겠다?

그날   효심 깊은 세종대왕이네요. 그런데 정말 세종의 묏자리 때문에 장자들이 단명했을까요? 잘 되면 내 탓이고 못 되면 조상 탓이다, 이런 말이 있는데 왠지 핑계거리를 찾는 게 아닌가? 이런 생각도 든단 말이죠.

장유정   그런데 실제로 장자들이 죽었잖아요. 게다가 상소까지 올려서 그곳에는 묘를 쓰지 말자고 했는데도 굳이 일을 진행해서 이런 결과가 나온 거잖아요. 그렇게 생각하면 최양선의 말에도 신빙성이 좀 있는 것 같아요.

신병주   이때 주목되는 건 최양선이 그런 불경한 소리를 하는데도 세종이 처벌하지 않았다는 거예요. 개인의 의견을 존중한 거죠. 게다가 결국 왕의 무덤이라는 건 아들인 후왕에 의해 확정되는 거고요.

최태성   예언이 맞아떨어졌다는 게 결국 왕자들이 일찍 죽어서잖아요. 근데 조선 시대 왕세자들을 보면 사실 제명을 다하기가 정말 어려워요. 역모나 반란에 연루될 가능성도 굉장히 높고, 건강상으로 볼 때도 왕족은 운동 많이 안 하잖아요. 게다가 고단백 음식도 많이 먹죠. 지금이야 응급 시설이 워낙 잘 되어 있지만 당시에는 그런 것도 거의 없었을 거고요.

신병주   당시에도 수릉 자리가 좋다는 의견, 불길하다는 의견이 공존했어요. 그런데 장자들 죽고, 결국 천릉하니까 최양선의 이야기만 부각되고 또 후대까지 남은 거죠.

세종 무덤의 이장 이후 장자들의 운명은

그날   세종과 소헌왕후를 모신 영릉은 결국 여주로 옮겨지게 되는데, 여주가 풍수지리적으로 굉장히 좋은 땅인가 보죠?

김문식 네, 그곳이 명당이라고 하니까 옮겼죠. 실제로 영릉에 가면 잘 모르는 사람이 봐도 상당히 좋은 땅이라는 느낌이 들어요.

장유정 여주의 영릉을 두고 '용이 똬리를 틀고 있다' 혹은 '봉황이 알을 품고 있다' 그런 천하 명당이라고 했다는데, 그럼 그 후로는 장자가 죽지 않았나요?

신병주 어떤 기준을 적용하는가에 따라 다릅니다. 긍정적으로 보면 성종의 장남인 연산군이 왕위를 계승했고, 월산대군이 오래 살았으니까 천릉한 효과가 있다고 할 수 있죠. 하지만 부정적으로 해석하면 연산군도 쫓겨나서 일찍 죽고, 월산대군도 왕이 못됐죠. 그런데 크게 보면 그 후로 성종 직계에서 계속 왕위를 계승해요. 선조도 중종의 후손이거든요. 이 기준으로 보면 천릉이 어느 정도는 효과가 있었다고 해석할 수 있죠.

그날 흔히 세종의 무덤을 여주로 옮기고 나서 조선왕조가 100년 더 연장됐다는 이야기를 한다면서요. 하지만 저는 명당에 묘를 써서 후대가 잘 풀렸다는 이 음택풍수설에 선뜻 동의하기 어려워요. 결국 조선은 두 차례나 국난을 겪었고, 조선왕조가 500년을 이어왔다고는 해도 그 내면에는 '명당 덕에 발복해서 영화를 누렸다'고 해석하기 어려운 부분들이 꽤 있거든요.

장유정 뒤집어 생각하면 더 나쁜 일이 생길 수 있었는데, 그나마 그 정도에 멈췄다고 볼 수도 있는 거죠. 풍수를 맹신하는 것은 아니지만 확률이라는 것도 있고, 또 좋은 산에 가면 산의 정기 같은 거 느껴지잖아요. 그런 걸 보면 풍수가 아예 못 믿을 건 아니라는 거죠.

그날 음택풍수라는 것은 동기감응²설을 이야기하는 거잖아요. 죽은 자와 산 자가 묘지 하나로 이어진다는 이야기인데, 여기에는 해석하기 애매한 문제가 많아요. 그야말로 코에 걸면 코걸이, 귀에 걸면 귀걸이 식으로 사용되는 예가 너무 흔하다는 말이죠.

신병주 그래서 왕릉뿐 아니라 웬만한 집안 묘소 가보면, 용 한 마리 안 누워 있고 봉황 안 날아다니는 데가 없습니다.

그날 오죽하면 시골 면장도 논두렁 정기는 받아야 된다는 말이 있겠습니까.

최태성 심리적인 문제 아닐까요? 일제 강점기 때 일본이 우리 민족의 정기를 끊기 위해서 산의 혈맥에다 쇠말뚝을 박았다는 이야기가 있잖아요. 사실 여부를 떠나서 그런 이야기를 들으면 찝찝하죠. 빨리 그 쇠말뚝을 찾아서 뽑아버려야 할 것 같잖아요. 어쨌든 '좋은 자리다' 했을 때 가지게 되는 심리적 안정감, 이게 풍수지리의 효용이 될 수 있다는 거죠. 마음이 안정되면 일도 잘 풀리지 않겠어요? 그런 효과를 노린 게 아닐까 싶어요.

조선 왕릉과 풍수

그날 왕릉과 풍수, 굉장히 흥미롭죠. 만물각 연결해서 조금 더 자세하게 알아보도록 하겠습니다. 상지영서대학의 이창환 교수님 나오셨습니다.

장유정 조선 왕릉의 장지를 선택할 때, 특별한 기준 같은 게 있었나요?

이창환 네, 물론 풍수를 가장 중요시했습니다. 무덤 주변을 산이 쾌적하고 포근하게 둘러싸는 공간을 찾죠. 좌청룡 우백호는 많이들 아시죠? 숙종과 인현왕후의 무덤인 명릉도 그렇습니다. 산맥과 물줄기가 좌우로 감싸고 있는 지형에 왕릉을 조성했죠.

장유정 교수님이 생각하시기에 조선 왕릉 가운데 최고 명당은 어디인가요?

이창환 개인적으로는 세종의 영릉이 최고라고 생각합니다. 세조의 광릉이나 인조의 장릉도 터가 매우 좋죠. 무덤 정면으로 조산을 바라보는 형국을 회룡고조(回龍顧祖)형이라고 하는데, 영릉이 여기에 해당합니다. 조산의 능선이 무덤 뒤로 빠져서 한남정맥까지

세종 영릉

이어지는 형국이라고 보시면 됩니다.

그날　사진으로 보기에도 아늑한 느낌이 드네요. 왕릉 주변에는 조형
　　　물들이 굉장히 많잖아요. 이게 무슨 의미들을 갖고 있나요?

이창환　대표적인 왕릉 조형물로 문인석과 무인석이 있죠. 동물상으로
　　　양과 호랑이가 있는데, 그중에서 호랑이를 눈여겨볼 만합니다.
　　　호랑이는 보통 앞발과 꼬리로 싸우기 때문에 호랑이상의 경우
　　　얼굴은 웃고 있지만 앞다리와 꼬리가 아주 날카롭게 조각돼 있
　　　습니다. 심지어는 꼬리 뒤쪽에 쇠를 붙여 무기처럼 표현한 경우
　　　도 있고요.

그날　왕릉 말고 현존하는 명당이 있나요? 이를테면 유명한 금계포란
　　　(金鷄抱卵)³형이라든가 자손만대 천자지지라든가 하는 거 말이죠.

이창환　산맥과 물줄기가 포근히 감싸는 따뜻한 지형에서 살고자 하는
　　　것은 우리 민족뿐 아니라 인류 전체의 욕망이었던 것 같아요. 풍
　　　수라는 게 그런 포근한 지형을 찾는 형태를 띠기 때문에 아직도
　　　전국 곳곳에 그런 명당들이 있다고 생각합니다.

왕릉 호랑이상

세계가 감탄한 조선의 숲

그날   조선 왕릉을 유네스코 세계유산으로 등재하는 데 교수님께서 직접 신청서를 쓰시고 심사도 수행했다고 들었어요. 외국 심사 위원들도 계셨을 텐데, 그분들은 어떤 점에서 특히 감동하던가요?

이창환   숲입니다. 570만 평이 세계유산으로 지정되었는데, 여기에 오직 왕과 왕비밖에 안 계시거든요. 세조는 왕릉 주변에 온갖 나무를 심고, 함부로 베지 못하게 하라는 유언을 남겼습니다. 한 그루라도 베면 중한 벌을 내렸죠. 그래서 500년 된 숲이 만들어진 겁니다. 또 조선 왕릉은 굉장히 자연친화적입니다. 단릉, 쌍릉, 합장릉 등 원래의 지형에 맞게 다양한 형태로 능을 조성했는데, 이렇게 한 민족은 우리밖에 없습니다.

그날   네, 교수님. 오늘 말씀 감사합니다. 지금 보니까 왕릉에는 정말 나무들이 무성하네요.

장유정   홍릉수목원도 명성황후의 능인 홍릉에서 출발한 거잖아요. 거기도 정말 좋거든요.

왕릉보다 좋은 명당은 따로 있다?

장유정 　왕릉보다 더 좋은 명당이 따로 있대요. 왕가의 자제들, 즉 왕자나 공주의 탯줄을 보관하던 곳이 그렇대요. 여기를 태봉이라고 하는데, 태봉이 진짜 명당이라고 하더라고요.

최태성 　옛날 사람들은 탯줄이 신과 인간을 연결하는 끈이라고 생각했대요. 그러니 탯줄이 얼마나 귀한 거예요. 탯줄을 잘 보관해야 나중에 신한테 복도 받을 수 있지 않겠어요? 자연히 특히 좋은 터를 찾을 수밖에 없죠. 그런데 지금도 태봉이 남아 있나요?

신병주 　태봉은 여러 군데 있죠. 그중에서도 가장 대표적인 곳이 경북 성주의 선석산 산자락인데요. 세종대왕이 18남 4녀를 두셨는데, 그 왕자들의 태실이 전부 이곳에 조성이 되어 있습니다. 손자였던 단종의 태도 이곳에 모셔져 있고요. 태봉에는 왕릉처럼 석물을 세워서 신성함을 표시했는데, 모양이 좀 특이한 경우도 있어요. 거북처럼 보이는 건 귀부라고 하는데, 이 경우는 왕자가 왕이 되면 가봉한다고 해서 석물을 훨씬 더 화려하게 꾸며요. 또 하나 흥미로운 기록은 조선 시대 이문건이라는 학자가 자기 손자 태를 여기에 몰래 묻었다는 거예요. 손자가 잘 되기를 바라는 마음에서 제일 좋은 곳, 즉 세종대왕 아들들의 태봉을 찾은 거겠죠.

최태성 　할아버지의 사랑이네요.

장유정 　몰래 도굴한다는 얘기는 들어봤어도 몰래 가서 뭘 넣는다는 얘기는 처음 들어 봐요. 결국 이문건이 손자 덕을 좀 봤나요?

신병주 　결국 덕은 못 봅니다. 그리고 이건 완전히 위법이에요. 발각되면 엄청난 벌을 받아요.

그날 　확실한 능상이네요.

김문식 　왕릉이나 태봉으로 지정되면 주변에 금표를 세우고, 이 영역 안에서는 다른 활동을 할 수 없게 금지합니다.† 기록에 보면 동서

세종대왕 아들들의 태봉

로 300척, 남북으로 490척을 금표 지역으로 설정하는데요. 요즘
으로 치면 가로세로 100미터 정도 되는 굉장히 넓은 지역을 쓸
수 없게 만든 거죠.‡ 또 능으로 조성한 곳에 다른 사람의 묘가 있
으면 전부 다 걷어내야 되고요. 농사나 목축 이런 것도 전부 금
지됩니다. 그 일대에서는 벌목도 할 수 없고, 풀도 키울 수 없어
요. 철저하게 보호한 거죠.

신병주 조선 판 그린벨트라고 볼 수 있습니다.

† 금표 내에 묘를 쓰는 자는 사형을 감하여 정배(定配)한다.
— 『대전회통』 「형전」

‡ 동서로 300척, 남북으로 490척은 진흙이 있는 곳이라도 땅을 쓰지 말라.
— 「단종 장릉 금표비」

조선 왕릉 분포

그날 　 조선 왕릉 분포도를 보면 한양을 중심으로 왕릉이 쭉 퍼져 있는
　 　 　 데, 뭔가 공통된 게 느껴지지 않으세요?

장유정 　 모양은 꼭 별자리 같은데요? 위치가 대부분 한강 주변이고, 도성
　 　 　 에서 별로 멀지 않네요.

신병주 　 일단 왕릉은 후대 왕이 선왕을 참배하러 가는 곳이기 때문에 도성에
　 　 　 서 너무 멀리 떨어져 있으면 찾아가기 힘들고 불편하죠. 가능하면 도
　 　 　 성과 가깝고, 풍수도 좋고, 수목이 울창한 곳을 찾습니다. 그러다 보
　 　 　 니 대개 경기도 구리시나 고양시, 이런 지역에 주로 왕릉이 조성되죠.

장유정 　 혹시 문제가 생기면 빨리 돌아올 수 있도록 최대한 가까운 곳을
　 　 　 선택하겠군요.

신병주 　 그렇죠. 왕이 오랫동안 궁을 비우는 건 상당한 부담이죠.

김문식 　 도성 밖으로 10리까지는 민가가 많아요. 그래서 왕릉은 대개 성
　 　 　 밖 10리에서부터 사대문 100리 이내에 조성을 합니다. 참배하러
　 　 　 가는 데 2박 3일씩 걸리면 엄청난 인력과 물자가 동원되니까 대
　 　 　 개는 하루 만에 다녀올 수 있는 거리에 왕릉을 조성하죠.

김문식 　 한강 남쪽에는 왕릉이 굉장히 드문데, 이건 강을 건너기가 부담
　 　 　 스러워서 그렇습니다. 정조가 사도세자 무덤을 화성에 모셨잖아
　 　 　 요. 그러니 한강을 건너야 하는데 수천 명이 이동한다는 게 보통
　 　 　 일이 아니죠. 그래서 좀 편하게 강을 건너려고 생각해 낸 게 바
　 　 　 로 배다리입니다.

신병주 　 조선 왕릉 중에 도성에서 가장 멀리 떨어진 왕릉이 뭔지 혹시 아세요?

그날 　 글쎄요. 강원도 영월에 있는 단종릉 아닐까요?

신병주 　 맞습니다. 단종은 유배지에서 비정상적인 죽음을 맞으셨기 때문
　 　 　 에 장릉이 가장 멀리 떨어져 있죠.

그날 　 왕릉조차 유배 같네요.

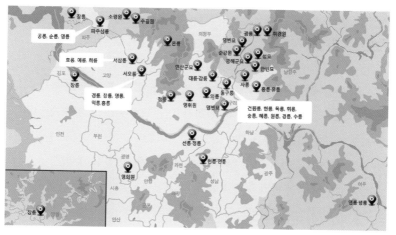

조선 왕릉 분포도 출처: freier3d.blog.me

신병주 단종이 돌아가셨을 때는 시신조차 제대로 수습이 안 됐어요. 누구도 함부로 나서기 어려웠죠. 당시 영월 호장 엄흥도라는 사람이 단종의 시신을 수습하고 세운 무덤이 바로 장릉입니다.

그날 야사에는 눈보라 치던 날에 엄흥도가 단종의 매장지를 찾고 있는데, 어디선가 갑자기 사슴이 나타나서 길 안내를 해 줬대요. 그 사슴이 마지막에 앉은 자리가 지금 단종의 능이 됐다는 거죠.

최태성 그때 단종의 나이가 열일곱 살이니까 지금으로 치면 고등학교 1학년쯤 되는 거잖아요. 그렇게 어린 나이에 억울하게 죽은 것도 안타까운데, 죽어서도 홀로 멀리 떨어져 있는 거잖아요. 몇 백 년 동안 얼마나 외로웠을까? 그런 생각에 가슴이 아파요. 다행히 요즘은 장릉이 텔레비전에 자주 나와서 인기 있는 관광지가 됐대요. 지난 몇 백 년 동안 외로우셨지만 앞으로 몇 백 년간은 많은 사람들 속에 둘러싸여 계시겠죠.

신병주 결과적으로 영월은 단종이 유배 오신 덕에 훌륭한 문화 자산을 갖게 된 거죠.

중종이
홀로 묻힌 이유

살아생전 세 명의 부인을 맞았던 조선의 11대 임금 중종
폐위된 단경왕후와 계비 장경왕후, 문정왕후가 그 곁에 있었다.

중종은 죽어서 먼저 세상을 뜬 장경왕후 곁에 묻히지만
문정왕후에겐 달갑지 않은 일이었다.

수렴청정을 하던 문정왕후는 중종의 무덤을 이장했다.
그리고 자신을 중종 곁에 묻어 달라 유언을 남긴다.

하지만 그녀의 바람과 달리
이장한 중종의 능은 지대가 낮아
비가 오면 자꾸만 물에 잠기는 흉지였다.

결국 문정왕후는 태릉에 묻히고,
중종의 무덤도 외로이 홀로 남게 됐다.

문정왕후, 죽은 중종을 홀아비로 만들다

그날   굳이 이장까지 한 건 문정왕후의 무리한 욕심이 아니었을까요?

김문식   네, 맞습니다. 결과적으로 중종과 세 왕비는 각기 다른 곳에 묻혔어요. 중종은 정릉에 묻히고, 첫째 왕비인 단경왕후는 친정 근처에 묻힙니다. 단경왕후 신씨는 왕이 되기 전부터 부인으로 있었는데, 친정아버지 신수근이 중종반정에 참여하지 않아요. 그래서 왕후가 된 지 일주일 만에 쫓겨나고, 죽어서는 친정 근처에 묘를 쓰죠. 두 번째 왕비인 장경왕후는 서삼릉 지역에 있는 희릉에 묻힙니다. 중종도 원래는 여기에 묻히게 되어 있었죠. 실제로도 여기에 묻혔고요. 그런데 문정왕후가 수렴청정 하면서 남편 무덤을 부모님 계시는 선릉 근처로 옮겨요. 그런데 이 자리가 별로 좋지 않은 거예요. 그래서 본인은 정작 전혀 다른 곳, 태릉에 묻히죠.

그날   굳이 중종의 능을 이장한 이유가 뭔가요? 단순한 여자의 질투심이었나요?

신병주   무엇보다 문정왕후 본인이 남편 옆에 묻히고 싶었던 거죠. 그때 명분은 중종이 아버지 성종 곁으로 가야 된다는 거였어요. 서울 지하철역 중에 선릉역 있잖아요. 여기가 바로 성종 무덤이에요. 어쨌든 중종 무덤을 이쪽으로 옮기고 정릉이라고 해요. 그런데 이 정릉 지역이 당시에는 한강 물길 근처고, 또 지대가 낮았어요. 그래서 비만 오면 자꾸 침수되는 거예요. 아들 명종 입장에서는 아버지 무덤이 그런 데 있는 것도 고민인데 어머니까지 이곳에 모실 수 없었던 거죠. 그래서 어머니 의도를 따르지 않고 문정왕후를 태릉으로 모시면서 결과적으로 중종이 황당해진 거예요.

장유정   똑같은 부모인데 명종은 왜 아버지 무덤은 이장을 안 해줬을까요?

신병주   명종이 더 오래 재위했으면 그랬을 수도 있었겠지만 사실 왕릉을 옮기는 것 자체가 쉬운 일이 아니에요.

그날 살아생전에는 왕비가 셋이나 됐는데, 사후에는 홀아비 신세라니 참 아이러니한데요.

김문식 중종릉 이름이 정릉인데요. 이 정자가 편안할 정(靖) 자예요. 근데 사실 편안하지 못했어요. 임진왜란 때 성종의 능인 선릉하고 중종의 능인 정릉이 왜군에 의해서 침탈되거든요. 봉분이 다 흩어지고 시신이 불태워지는 사건이 벌어졌죠. 어찌 보면 문정왕후의 욕심 때문에 이런 참담한 결과가 생긴 거죠.

신병주 중종이 편안하지 못했던 또 다른 이유 중 하나는 위치 때문인데요. 조선 왕릉 중에 거의 유일하게 선릉과 정릉은 빌딩 숲에 싸여 있습니다. 완전히 도심 한복판에 있어요.

왕릉 이름은 어떻게 짓는 걸까?

장유정 묘호 정하는 것처럼 능 이름 붙이는 데도 특별한 이유가 있을 것 같아요.

김문식 국왕이나 왕비가 죽으면 굉장히 많은 이름이 만들어져요. 우선 돌아가신 분의 시호라는 게 있죠. 국왕은 보통 여덟 자 이름을 시호로 가집니다. 그리고 묘호라고 해서 종묘에 모실 때 묘의 이름을 정하는데, 선조, 정조 하는 게 전부 묘호예요. 그리고 왕릉의 이름, 능호가 있죠. 그러면 능 이름을 무엇으로 할 것이냐? 이때는 좀 생각해 볼만한 능호가 있어요. 태조릉이 건원릉인데요. 건 자가 건강할 때 건(健) 자여서 '튼튼하게 하다' 이런 뜻이 있고, 원 자가 으뜸 원(元) 자예요. 그러니까 '처음을 튼튼하게 한다' 이름이 딱 맞죠. 이 건원릉이 유일하게 이름이 세 글자예요. 성종의 선릉은 펼 선(宣) 자를 쓰는데요. 해석하면 덕을 크게 편 왕이라는 뜻이에요.

신병주 왕과 왕비가 함께 묻혀 계신 경우에는 왕릉 이름이 그대로 하나예요. 예를 들어 성종 무덤인 선릉에는 정현왕후가 같이 모셔져 있죠. 그런데 왕의 무덤과 왕비의 무덤이 멀리 떨어져 있으면, 왕비의 무덤도 독립된 이름을 가져요. 단경왕후 신씨 경우에는 나중에 영조 대에 복권될 때 무덤에 온릉이라는 이름이 붙습니다. 따뜻할 온(溫) 자를 쓰죠. 오랫동안 왕의 온기를 못 느꼈으니까 '따뜻한 손길이 그립다' 이런 뜻이죠. 단종의 왕비가 정순왕후인데요. 정순왕후 무덤도 단종이 유배지에서 돌아가시는 바람에 왕비릉이 왕릉과 별도로 조성됐는데, 여기는 사릉이예요. 생각할 사(思) 자, 언제라도 남편을 그리고 생각한다는 뜻이죠.

그날 능호에는 한 사람의 인생이 고스란히 담겨 있네요.

장유정 의미를 다 알고 보니까 묘호보다 능호가 왕이나 왕비의 삶을 더 잘 보여 주는 것 같네요.

왕의 첫 임무, 국장

그날 순종의 국장 행렬과 관련된 사진이 있는데, 정말 규모가 엄청나네요. 행렬의 끝이 어딘지 알 수 없을 정도로 줄을 길게 서 있네요. 마치 온백성이 전부 상주인 것처럼 보여요.

김문식 사진에서 보이는 상여가 대여입니다.

신병주 중간에 귀신 탈 같은 게 있죠. 저걸 방상시라고 하는데 장례식에 절대 빠지지 않습니다. 악귀를 쫓는 역할을 한다고 해요.

김문식 사악한 기운을 물리친다는 의미가 있죠.

그날 저 엄청난 인파는 다 어떤 사람들인가요? 행진하는 사람이야 그렇다 치지만 그래도 상여를 아무나 메진 않았을 거 아녜요? 정해진 사람이 있었을 텐데 말이죠.

김문식 아무래도 군대를 동원하는 게 제일 편하죠. 군영이 있으니까요.

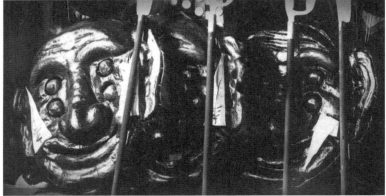

순종의 국장 행렬

또 어떤 지역을 지나가게 되면 그 지역의 주민들을 동원합니다. 일정 지역까지 메고 가서 교체를 하죠. 또 산릉 경역을 조성하는 데 연 인원 1만 명 정도가 동원이 돼요. 그러니까 엄청난 물자와 인력이 동원되는 것이 국상이다, 이렇게 말씀드릴 수 있죠.

5개월 동안 국상이 이어진 조선의 시신 보존법

그날 　조선 시대에는 국상을 치르는 기간도 상당히 길었다면서요?

김문식 　왕이 되어서 제일 먼저 치르는 공식 행사가 바로 국상이죠. 이 행사의 기본이 바로 『국조오례의』[4]입니다. 대개 국왕이 돌아가시면 5개월 정도 만에 장례를 치르고, 삼년상을 지내는데 그 과정에서 60여 가지 절차를 거쳐요.

장유정 　얘기만 들어도 긴 것 같아요.

최태성 　시신 보존이 꽤 힘들었을 것 같아요. 요즘은 3일장이잖아요. 여름에 운구를 한 적이 있었는데, 3일인데도 시신 보존하는 게 쉽지 않았거든요. 냉동 시스템도 없던 그 시절에 어떻게 5개월간 시신을 보존했을까요?

김문식 　일종의 냉동 영안실이 있었습니다. 5개월 정도 시신을 보존해야 하니까 동빙고에 있던 얼음을 궁궐 안의 내빙고로 들여오죠. 우선 시신을 대나무로 된 평상에 모시고 시신 위쪽을 제외한 다섯 면을 전부 얼음으로 채웁니다. 상하좌우 하고 평상 아래까지. 물론 얼음이 시신에 직접 닿지 않게 장치를 하고요. 그 상태에서 계속 얼음을 갈아 주고, 또 미역 같은 것을 두어서 습기를 제거합니다. 미역이 습기를 먹으면 다시 마른 미역으로 가는 거죠. 이런 방식으로 5개월간 시신을 보존했습니다.

조선 왕릉

도굴 미수 사건

2006년 1월 어느 겨울 밤,
산을 오르는 수상한 움직임이 포착됐다.
그들이 향한 곳은 누군가의 무덤

목적지에 도착하자 갑자기 땅을 파기 시작하는데,
대체 이곳에서 무얼 하고 있는 것일까?

땅을 파헤친 곳은 다름 아닌
조선 시대 왕세자 부부의 무덤
그들의 정체는 도굴범이었던 것이다.

봉분 뒤에 어렴풋이 남은 도굴의 흔적
도굴범들은 무덤을 2.7미터 깊이까지 파다가
무언가에 부딪혀 더 이상 파내지 못한 것으로 보인다.

조선 왕릉 도굴 미수 사건
실패 원인은 과연 무엇일까?

회격

왕릉이 도굴되지 않은 이유

그날 　무언가에 부딪혀 실패했다, 그게 뭔가요?

신병주 　황토에 석회를 바른 것으로 보통 회격(灰隔)이라고 부릅니다. 회격이 처음에는 촉촉하고 물러요. 그러다가 굳으면서 점점 단단해지는 건데, 이게 오히려 돌로 만든 석관보다 파헤치기 힘든 구조라고 해요.

김문식 　세조 전까지는 계속 석관을 쓰다가 광릉 조성하면서부터는 석회를 굳혀 쓰는 방식, 즉 회격을 사용하게 됐죠. 회격을 쓰면 무덤 조성도 훨씬 간단해지고 비용도 절감되는 효과가 있거든요.

최태성 　회격의 강도를 실험해 봤는데, 얼마나 단단한지 큰 굴착기로도 깨뜨리기 쉽지 않았다고 해요. 회격이 1년 정도 지나면 콘크리트와 비슷한 강도를 가진다고 하는데, 조선 왕릉은 대개 수백 년이 넘은 것들이니 강도가 엄청나다는 거죠.

그날 　중간 중간 검은 띠가 있는데, 저건 뭐예요?

최태성 　제습을 위한 숯입니다.

그날 　진짜 과학적이네요. 당시의 과학과 예술성이 집약돼 있는 조선의 왕릉, 얘기를 나눌수록 굉장히 재밌죠? 여기서 요즘 학생들은

조선 왕릉에 대해 어떤 궁금증을 가지고 있는지 알아보는 시간
갖도록 하겠습니다.

Q. 다른 왕릉들을 보면 보물이 있던데, 조선 왕릉에도 보물이 들어 있나요?

최태성   이집트 피라미드 발굴된 거 보면 황금 마스크나 보석이 가득 박
        힌 수의 같은 것도 나오고, 진시황릉도 어마어마하잖아요. 우리
        나라도 천마총 보면 화려한 금관이 쏟아져 나오니까 학생들 생
        각에는 조선 왕릉에도 보물이 있지 않을까 싶은 거죠.

김문식   황금 가면 같은 건 없습니다. 그런 면에서는 좀 소박하다고 볼
        수 있을 것 같아요. 기본적으로 옷이 들어가고요, 문방구와 책이
        들어갑니다. 그 다음에 제기를 넣는데, 이건 실제보다 훨씬 작게
        만들어서 넣어요. 또 무덤 주인이 여성이면 거울이나 빗, 화장용
        품 이런 걸 넣기도 하고요.

그날   돈이 될 만한 건 없었다는 얘긴가요? 그러면 아까 그 사람들은
        뭣 때문에 가서 도굴까지 하나요?

신병주   공부를 안 한 거죠. 도둑질도 공부를 해야 하는 거죠.

장유정   이런 얘기를 들은 적이 있어요. 숙종 때 기르던 고양이가 숙종이
        죽고 먹지도 않고 힘들어 하다 죽으니까 바로 옆에 묻어줬다고요.

김문식   순장5은 아니고 죽은 걸 묻어 준 거죠.

신병주   네, 순장은 아닙니다. 조선 시대에는 순장 제도가 없었어요. 신
        라 지증왕 때 순장 제도를 없앴다고 교과서에도 나오죠. 근데 중
        국에는 명나라 때까지 순장 풍습이 이어져서 영락제의 후비가
        순장을 당하는데요. 이분이 인수대비 아버지인 한확의 누이였습
        니다. 어찌 보면 좀 야만적이죠.

장유정   생매장이잖아요.

Q. 체험학습 때 왕릉을 많이 가는데, 그때 왕릉 위에 올라가서 놀면 벌금을 무나요?

최태성   어릴 적에 수학여행 가서 봉분에서 데굴데굴 굴러 내려왔던 경험이 있어요. 지금 생각하면 말도 안 되는 건데 그때는 아무 생각이 없었던 거 같아요. 지금부터라도 그런 건 제대로 교육시켜야 한다고 생각해요.

신병주   무덤 주변에 석물들 있잖아요. 말이나 양 같은 거. 이거 타는 경우도 많았는데, 지금은 그런 인식이 확실히 달라졌어요. 저는 왕릉의 존엄함을 강조하는 것도 중요하지만 한편으로는 적절히 잘 개방해서 적극적으로 체험하는 게 진짜 교육 아닐까 싶어요. 한 달 전에 여주 영릉에 다녀왔는데, 거기는 봉분 바로 앞까지 올라갈 수 있더라고요.

김문식   저도 제한된 개방은 필요하다고 생각합니다. 명당이 어떤 곳인지 이론적으로만 가르치기보다 실제로 능 앞에 서 보게 하면 그곳이 얼마나 좋은 땅인지 느낌이 오거든요. 물론 전부 다 그러면 관리 문제가 생기겠죠. 어느 정도 제한적인 관람이 필요하지 않을까 싶습니다.

Q. 조선 왕릉 근처에 보면 갈빗집이 많은데 왜 그런지 궁금해요.

그날   저도 정말 궁금했던 건데요. 태릉, 홍릉 할 것 없이 갈빗집이 참 유명하잖아요.

신병주   이에 대한 해석이 다양한데요. 일설에는 왕릉에 참배하러 갔을 때 일하는 사람들에게 갈비를 준 것에서부터 시작됐다고 하는데, 음식 연구가들은 그것과는 아무 관계가 없다고 해요. 아마도 왕릉 주변에 넓은 공지가 많고, 가족들이 소풍도 오고 하니까 갈빗집이 하나둘 생긴 게 아닐까 싶어요. 어쨌든 이게 역사와 관계됐다는 기록은 전혀 없습니다.

최태성 태릉 갈비 말씀해서 생각난 건데, 태릉에 태릉선수촌도 있잖아요. 태릉선수촌이 하필이면 왜 태릉에 있을까 궁금했어요.

신병주 1960년대에 체육입국, 이런 게 강조되면서 올림픽 메달을 따기 위해 선수촌을 조성하려는데, 넓은 부지가 마땅히 없는 거예요. 사유지는 보상도 해야 되고 그러려면 시간이 너무 많이 걸리니까 공지로 있던 왕릉 터에 선수촌을 조성한 거죠. 당시에는 나름의 논리가 있었는데, 지금 같았으면 문화재 보존 차원에서 거기에 선수촌을 세우지 않았겠죠.

그날 갑자기 든 생각인데요. 왜 우리나라 운동 선수들이 대개 남자보다 여자가 더 성과가 좋잖아요. 그게 태릉에 묻힌 문정왕후 기를 받아서 그런 게 아닐까 싶네요. 풍수 영향을 받는 거죠.

정조, 사도세자의
무덤을 옮기다

1776년 3월, 왕위에 오른 정조는 의미심장한 말을 던진다.

"나는 사도세자의 아들이다."

영조의 명으로 뒤주에 갇혀 숨을 거둔 비운의 사도세자
그리고 아버지의 비극을 모두 지켜봤던 어린 정조.
그는 왕위에 오르자마자 가슴에 담아 두었던 일을 단행한다.
바로 아버지의 무덤을 옮기는 일.
정조는 14년에 걸친 계획 끝에
사도세자의 무덤을 수원 화성 인근에 모신다.

참으로 천 리에 다시 없는 자리고
천 년에 한 번 만날까 말까 한 자리다.
— 『정조실록』 13년 7월 11일

한편 죽어서 정성왕후 옆에 묻히길 원했던 영조는
홍릉 옆에 자신의 장지를 마련해 두고 세상을 뜬다.

하지만 불과 한 달 만에 번복된 결정,
정조는 영조의 능을 건원릉 서쪽에 조성했다.

사도세자와 영조의 능을 두고 내린 정조의 결정,
여기엔 어떤 의도가 숨어 있는 것일까?

정조, 아버지 무덤을 옮겨 정치 숙원을 풀다

그날   사도세자는 죄인으로 죽었기 때문에 왕릉이 제대로 만들어지지
않았겠어요. 이전 무덤의 모습은 어땠나요?

신병주   본래 사도세자의 무덤은 지금 서울시립대가 위치한 양주 대봉산
자락에 조성되었어요. 그런데 정조가 왕이 되고 "과인은 사도세
자의 아들이다" 하고 아버지 추숭 작업에 정성을 쏟습니다. 사당
인 경모궁도 조성하고, 무덤 터가 좋지 않다고 해서 이장을 구체
적으로 구상하죠.

김문식   당시 사도세자의 무덤은 영우원이라고 했어요. 왕이 되지 못한 세
자의 무덤을 원이라고 하거든요. 정조가 영우원에 참배하러 가서
봤더니 터가 너무 안 좋은 거예요. 땅에 물기도 많고 뱀도 나오고.
정조는 즉위 후부터 전국의 명산을 찾습니다. 어디가 길지인지 찾
기 시작하는데, 그게 꼬박 16년이 걸립니다. 1789년에 드디어 아버
지 묘를 화산(花山)으로 옮기게 되죠. 사실 그 사이에 왕실에 비극
이 있었어요. 1786년에 정조의 맏아들 문효세자가 죽었거든요. 정
조가 줄곧 길지를 찾다가 수원부가 있던 화산 아래로 터는 정했는
데, 막상 맏아들이 죽으니까 이장을 본격적으로 추진한 거죠. 그
런데 여기가 굉장히 좋은 땅이었는지 정조가 직접 '똬리 튼 용이
여의주를 희롱하는 형국'이라는 표현을 썼어요.

신병주   화산으로 이장하고 붙인 명칭이 현륭원이었어요. 고종 때 사도
세자가 장조로 추존이 되면서 무덤 이름도 현륭원에서 융릉으로
바뀝니다. 사실 이때 고종 황제께서 본래 영종이었던 분을 영조
로 높이고, 정조도 마찬가지로 정종인데 정조로 추존한 거예요.

김문식   국왕의 초상을 어진이라고 하는데 지금 정조의 어진이 없죠. 정
조가 어떻게 생겼는지 확인할 길이 없어요. 그런데 융릉 앞에 있
는 문인석 얼굴이 정조의 모습을 따온 것이라고 주장하는 분들

융릉 문인석

이 있어요. 평생 아버지를 지키고 서 있겠다는 거죠.

그날 　융릉의 문인석 얼굴이 다른 문인석들하고 다른 건 분명하네요. 아버지의 정이 얼마나 그리웠으면 저렇게라도 아버지 곁을 지키고 싶었을까요? 마음이 짠해집니다. 그런데 아버지의 묘를 옮긴 것은 단순히 효심 때문만이 아니라 다른 정치적인 이유도 있었다는데, 어떻습니까?

김문식 　표면적으로 효를 내세웠죠. 아버지를 그쪽으로 모시고, 그 묘를 지키기 위해서 수원부를 키워야 된다고 하죠. 그래서 화성을 쌓고 장용영 군사를 동원하고, 이렇게 하는데 사실 수원이라는 위치 자체가 도성 방어의 주요 거점이에요. 삼남 지역, 즉 영남, 호남, 충청 지역에서 올라온 물자가 서울로 이동하는 길목이기도 하고요. 만약 왜군이 쳐들어오거나 반란이 일어나면 도성으로 오기 전에 외곽에서 막아야겠죠. 그런 정치, 경제, 군사적 목적에 의해 수원을 육성할 계획을 세웠는데 마침 거기가 천하 명당이고 부친의 묘소를 옮기기도 해야 하니까 그런 명분을 내세운 거죠. 다분히 정치적인 목적이 있다고 봐야죠.

정조는 왜 능을 조성하면서 할아버지의 유지를 어겼나

장유정 정조가 영조의 국장을 치를 때 영조의 유지를 따르지 않고 다른 곳에 묘를 만들잖아요. 심지어 효종의 묏자리였다가 파묘된 자리로 갔단 말이죠. 이건 일종의 복수심이 아니었을까요? 풍수를 이용해서 아버지를 죽게 만든 할아버지에게 복수한 거라는 주장도 있더라고요.

신병주 너무 과한 해석이에요. 사실 영조도 돌아가시기 직전에 자기 무덤터를 지정해 놨어요. 첫 번째 왕비인 정성왕후 곁으로 가겠다고 하신 거죠. 정성왕후는 영조와 50년간 함께 사셨던 분이거든요. 그런데 왕릉을 조성하는 주체는 후왕이에요. 정조는 영조의 유언도 중요하지만 당시에 살아계셨던 영조의 계비 정순왕후 김씨 생각도 해야 했어요. 영조가 정성왕후 옆에 묻히면 정순왕후는 혼자 묻히는 거잖아요.

김문식 정조가 영조에게 복수하려고 그랬다는 건 상상하기 어렵습니다. 혹 심리적으로 그런 요소가 있다고 하더라도 정조는 영조를 철저히 계승해야 합니다. 그래야 왕위 계승의 정당성을 확보할 수 있으니까요. 정조가 영조의 뜻을 어긴 걸 굳이 정치적으로 해석하자면 정순왕후를 의식한 거라고 봐야 할 거예요. 정순왕후는 정치적 기반이 단단했던 반면 정조는 정치적으로 위태로운 상황이었으니까 돌아가신 분 뜻보다는 당시의 정세를 고려한 게 아닐까 싶습니다.

신병주 정성왕후는 영조와 50년을 해로했던 조강지처셨죠. 정성왕후도 돌아가시면서 남편이 설마 다른 데 묻힐 거라고는 꿈에도 생각을 안 하셨을 거예요. 그런데 정순왕후도 사실 15세에 시집와서 17년을 영조와 살았어요.

장유정 그래도 50년이 더 길죠.

신병주 50년도 길지만 마지막 17년, 이게 되게 중요합니다.

최태성 왕이 죽는 순간부터 새로운 왕이 즉위하는 거잖아요. 이때는 새 왕이 앞으로 자신이 끌고 갈 정국에 대비해 왕권을 강화해야 하는 시기기 때문에, 선왕이 죽는 그 순간부터 국상 기간은 왕의 정치 권력 투쟁 기간이 될 수 있겠다는 생각이 드네요.

장유정 꼭 왕이 아니더라도 아버지가 돌아가시고 나면 아들이 한 집안의 가장으로서 어른이 되잖아요. 그런 전환점이 되는 건 분명한 것 같아요.

참배에 담긴 정치적 의도

그날 지금도 일본 총리가 신사참배 하면 군국주의 부활, 이렇게 해석하듯이 왕의 참배라는 건 분명히 정치적 의도로 해석할 수 있는 문제죠?

김문식 국왕이 즉위하고 3년간, 즉 국상 기간 동안 정국 구상을 해야 되겠죠. 국왕 즉위 초기 기록들을 보면 선왕의 능에 행차를 많이 해요. 영조는 숙종을 모신 명릉을 자주 찾아갔고, 정조는 영조를 모신 원릉을 찾아가죠. 선왕릉에 참배를 하면서 왕위 계승의 정통성을 강조하는 거라고 볼 수 있어요. 또 조선 후기에 주목할 왕릉이 여주에 있는 효종[6]의 영릉(寧陵)인데, 효종이 북벌 정책을 추진한 대표적인 인물이잖아요. 그래서 조선 후기에 숙종, 영조, 정조 이런 분들은 계속 효종의 능을 찾아갑니다. 그러면서 남한산성을 반드시 거쳐 가죠. 병자호란 때 우리가 남한산성에서 항복을 했잖아요. 북벌 정책을 추진한 효종의 영릉을 방문하고 오면서 남한산성에서 군사훈련을 하고 돌아오는 겁니다.

그날 한마디로 북벌 의지를 다지는 거군요. 오늘 조선 왕릉에 대한 이야기 나눠 봤는데요. 왕릉만 잘 살펴도 그 시대의 정치사를 알 수 있다는 걸 느꼈습니다. 역사와 문화가 살아있는 조선 왕릉, 오늘 이 시간 함께 하셨다면 좀 더 넓어진 시각으로 근처에 있는 조선 왕릉 한 번 찾아보시면 어떨까 하는 생각이 듭니다.

1 세자빈 권씨, 단종 낳고 죽던 날

1 **역상(曆象):** 해, 달, 별 따위의 천체가 나타내는 여러 가지 천문 현상. 혹은 달력에 의해 천체의 운행을 헤아려 알아내는 일을 말한다.

2 **삼종지도(三從之道):** 예전에, 여자가 따라야 할 세 가지 도리를 이르던 말. 어려서는 아버지를, 결혼해서는 남편을, 남편이 죽은 후에는 자식을 따라야 했다. 『예기』의 의례(儀禮) 「상복전(喪服傳)」에 나오는 말이다.

3 **현덕왕후(1418~1441):** 조선 문종의 왕비이다. 원래 왕세자 향(문종)의 후궁인 승휘로 궁에 들어갔으며, 세자의 두 부인인 휘빈 김씨와 순빈 봉씨가 갖가지 비행으로 왕실을 문란케 한 뒤 폐위되자, 이미 두 명의 딸을 낳아 품계가 양원으로 올라가던 권씨가 세자빈으로 책봉되었다. 『세종실록』을 보면 당시 세자였던 문종은 홍 승휘를 세자빈으로 올리고 싶어 했으나, 이미 딸이 있고, 다른 후궁들보다 품계가 더 높은 권씨를 세종이 의리상 세자빈으로 올렸다는 기록이 있다. 1441년에 원손(단종)을 낳았으나 하루 뒤에 산후병으로 사망했다. 그 후 현덕빈이라는 시호를 받았으나 남편 문종이 왕위에 오른 뒤, 현덕왕후로 추존되었다.

4 **섭정(攝政)/대리청정(代理聽政):** 왕이 병이 들거나 나이가 들어 정사를 제대로 돌볼 수 없게 되었을 때에 세자나 세제가 왕 대신 정사를 돌보는 일을 말한다.

5 **효명세자(1809~1830):** 순조 19년 왕세자에 책봉되었고, 1827년 부왕 순조의 명으로 대리청정을 하였으나, 청정 4년만인 1830년 병으로 사망하였다. 후에 아들 헌종이 즉위하면서 익종으로 추존되었고, 고종이 그의 양자 자격으로 즉위한 뒤에는 황제로 추존되었다.

6 **자선당(資善堂):** 경복궁 내 전각으로 세자와 세자빈이 거처했던 동궁을 말한다. 세종 9년인 1427년 세자인 문종의 거처로 건립되었다. 동쪽에 있는 세자의 궁이라는 의미로 동궁전(東宮殿)이라고도 불렀으며 이 때문에 세자를 동궁마마라고 부르게 되었다. 자선당(資善堂)이라는 이름은 자비로운 성품을 기르는 곳이라는 의미를 가지고 있다.

7 **첨사원(詹事院):** 세자(문종)가 동궁의 서무(庶務)를 처결할 수 있도록 세종이 1437년 고려 첨사부 제도를 본떠 만든 기구.

8 **전순의:** 세종, 문종, 세조의 3조에 걸쳐 전의감 의관을 지냈다. 1452년(문종 2) 문종의 종양을 절개하였으나 곧 문종이 죽음으로써 의금부에 하옥되어 전의감 청직으로 강등되었다가 단종이 즉위하자 석방되었다. 1462년(세조 8) 동지중추원사로 승진되고, 1463년 내의로 입시하였으며, 1467년 좌익원종공신 1등에 봉해졌다.

9 **삼년상:** 장사를 마친 후에도 부모의 신주를 모시고 여막에 거처하며, 아침저녁으로 제사를 드리는 것.

10 **이효상효(以孝傷孝):** 효성이 지극한 나머지 부모의 죽음을 몹시 슬퍼하고 사모하기를 지나치게 하여 병이 나거나 죽음.

11 **묘호(廟號):** 왕이 죽은 다음 그 공덕을 칭송하여 붙인 호칭. 종묘에 신위를 모실 때 드리는 호(號).

2 하룻밤의 승부, 계유정난

1 **김종서(1383~1453):** 조선 전기의 문신으로 세종 15년(1433) 여진족의 침입을 격퇴하고, 두만강을 경계로 6진을 설치하여 국경선을 확정했다. 계유정난 때 수양대군 세력에 의해 살해되었으나 300여 년 후 영조 대에 복권되었다.

2 고명대신(顧命大臣): 임금의 유언으로 나라의 뒷일을 부탁받은 대신. 임금의 총애를 받은 핵심 인물을 뜻한다.

3 황표정사(黃標政事): 조정에서 인사 지명권을 위임받은 신하들이 노란색 점을 찍어 대상자를 표시하면, 임금이 형식적으로 이를 낙점하던 일.

4 분경금지법: 벼슬을 얻기 위해 집정자의 집에 분주하게 드나들며 인사 청탁하는 것을 금지하는 법

5 고명사은사(誥命謝恩使): 조선 왕의 즉위를 승인해 준 명나라의 처사에 대해 감사의 뜻을 표하기 위해 보내는 사신

6 『금계필담』: 의령 현감을 지낸 서유영이 고종 10년(1873)에 쓴 문헌설화집. 제왕과 왕비, 문신, 이인(異人), 양반층 여인, 기생, 하층 여인, 무인 및 장사 등에 얽힌 이야기를 신분과 시대순으로 배열하고, 풍속에 관한 잡다한 이야기들을 담고 있다. 총 141편의 설화가 수록되어 전한다.

7 서동요: 신라 진평왕 때 백제 무왕(서동)이 지었다는 민요 형식의 노래로, 한국 최초의 4구체 향가이다. 『삼국유사』에 원문과 함께 설화가 전하는데, 이에 따르면 서동이 어릴 때 진평왕의 셋째 딸인 선화공주가 예쁘다는 소문을 듣고 신라에 가서 성 안의 아이들을 마로 꾀어 이 노래를 부르게 하였다. 노래의 내용은 선화공주가 밤마다 몰래 서동의 방을 찾아간다는 것이었는데, 이 노래가 대궐 안에까지 퍼지자 왕은 마침내 공주를 귀양 보낸다. 이후 서동이 쫓겨난 공주를 아내로 맞아 선화가 백제의 왕비가 되었다는 이야기이다.

3 수양대군, 옥새를 받다

1 옥새: 국가의 공식 문서에 사용되는 왕의 도장. 왕조시대의 권위와 정통성을 의미하는 것으로 외교 문서와 왕명으로 행해지는 국내 문서 등에 사용되었고, 왕위 계승 시에는 국권의 상징으로 전수되었다.

2 의정부서사제: 왕권의 비대화를 막기 위해 만든 것으로 의정부가 육조(이·호·예·병·형·공조)를 지휘해 국가의 중대사를 처리하는 제도.

3 육조직계제: 육조가 의정부를 거치지 않고 국왕에게 직접 정사를 보고하고 지시를 받아 국정을 운영하는 제도.

4 박팽년(1417~1456) 세종의 총애를 받은 집현전 학사로 단종 복위를 도모하다가 처형당했다. 남효온이 쓴 『추강집』에서 성삼문, 하위지, 이개, 유성원, 유응부와 함께 사육신(死六臣)으로 꼽히며 조선을 대표하는 충신으로 추앙받고 있다.

5 경회루: 경복궁에 있는 누각으로 외국의 사신을 접견하거나 나라의 경사가 있을 때 연회를 베풀기 위한 용도로 사용되었다.

6 한명회(1415~1487) 조선 세조 때의 문신. 치밀한 전략가로 수양대군을 도와 김종서를 비롯한 여러 대신을 차례로 죽이고 단종을 몰아내는 데 공을 세워 좌익공신 1등이 되었으며, 뒤에 사육신의 단종 복위 운동을 좌절시키고 그들을 주살했다.

7 운검: 큰 칼을 차고 임금의 좌우에서 호위하는 2품 이상의 임시 무관직을 운검이라고 한다. 나라에 큰 잔치가 있어 임금을 모실 때 유능한 무장 중에서 믿는 사람을 골라서 임명했는데, 이들을 가리키는 정식 명칭이 별운검이었다.

8 능지처참: 대역죄를 범한 자에게 과하던 극형. 죄인을 죽인 뒤 시신의 머리, 몸, 팔, 다리를 토막 쳐서 각지에 돌려 보이는 형벌이다.

9 「월중도」: 유배지 영월에 남겨진 단종의 자취와 충신들의 절의가 깃든 장소를 여덟 폭의 그림으로 제작한 화첩. 2007년 보물 1536호로 지정되어 현재 한국학중앙연구원에서 관리하고 있다.

10 리처드 3세(1452~1485): 영국 요크 왕조의 마지막 왕으로, 조카 에드워드 5세를 런던탑에 유폐시키고 왕위를 찬탈한 인물이다.

11 주공: 어린 나이에 즉위한 조카 성왕을 도와 국가의 기초를 확립, 조카가 성년이 되자 7년 섭정을 거둠.

12 남효온(1454~1492): 조선 시대 생육신(벼슬하지 않고 단종을 위해 절의를 지킨 6명의 신하)의 한 사람. 사육신의 전기인 「육신전」을 저술했다. 김종직의 문인으로, 세조에 의하여 물가에 이장된 단종의 생모 현덕왕후의 소릉(昭陵)의 복위를 상소하였으나 뜻을 이루지 못하자, 실의에 빠져 각지를 유랑하다 병사하였다. 저서에 『추강냉화(秋江冷話)』, 『사우록(師友錄)』 등이 있다.

13 병풍석: 능을 보호하기 위해 능의 위쪽 둘레에 병풍처럼 둘러 세운 긴 네모꼴의 넓적한 돌. 겉에 12지신이나 꽃무늬 따위를 새긴다.

4 세조와 공신들, 피로 맹세한 날

1 공신회맹제: 임금이 나라에 공을 세운 공신들과 함께 충성과 단결을 맹세하는 의식. 맹세의 표시로 짐승의 피를 바르거나 마신다.

2 사마천(기원전 145~86): 중국 전한(前漢)의 역사가로 자는 자장(子長)이다. 기원전 104년 공손경과 함께 태초력(太初曆)을 제정하여 후세 역법의 기초를 세웠으며, 역사서인 『사기』를 완성하였다.

3 이징옥(?~1453): 조선 전기의 무신. 세종 대 북방의 6진 개척에 큰 공을 세웠다. 계유정난 이후 함길도에서 수양대군에 맞서 군사를 일으키려 했으나 수하 장수들에게 살해되었다.

4 생육신: 조선 시대에, 세조가 단종으로부터 왕위를 빼앗자 벼슬을 버리고 절개를 지킨 여섯 신하. 이맹전, 조여, 원호, 김시습, 성담수, 남효온 또는 권절을 이른다.

5 음서: 조상이 국가에 공을 세웠거나 고위관직을 지냈을 경우 그 자손을 과거를 거치지 않고 특별히 관리로 채용하는 제도

6 권람(1416~1465): 조선 세조의 공신으로 좌의정, 우의정을 거친 권세가. 1450년 식년문과에 장원급제하였고 계유정난 때 정난공신 1등으로 우부승지에 특진하였으며, 1463년 부원군으로 진봉되었다.

7 장량(?~기원전 186): 한고조 유방을 도와 한나라를 건국한 공신이다. 자가 자방(子房)이기 때문에 흔히 장자방이라 불린다.

8 위징(580~643): 당나라 초기의 공신이자 학자. 본래 태자 이건성의 측근으로 아우 이세민(당 태종)을 독살할 것을 건의하였으나 이건성이 이를 듣지 않았다. 현무문의 변으로 이건성을 제거한 이세민은 위징의 사람됨을 높이 사 그를 자신의 수하에 두었다. 이후로도 위징은 왕에게 직언을 꺼리지 않은 것으로 유명하며, 태종을 도와 당의 최전성기를 이끌었다.

9 양정(?~1466): 조선 전기의 무신으로 수양대군을 도와 계유정난에 참여하여 2차례에 걸쳐 공신에 임명되었다. 이후 공조판서, 지중

추원사 등 요직을 역임하였으나 주로 함경도나 평안도 등 북방 변경 지역에서 근무했다. 1446년 중앙으로 소환된 것을 축하하는 연회에서 술에 취해 세조에게 양위하라고 진언한 죄로 처형되었다. 실록에서는 그가 공신임에도 불구하고 변방에서만 군무했다는 데 불만을 품고 그 같은 행동을 한 것이라고 한다.

10 영락제(1360~1424): 명 태조 홍무제의 넷째 아들로 연왕(燕王)으로 있던 중 친조카인 건문제를 죽이고 명나라 3대 황제에 올랐다.

11 번왕: 황제의 밑에서 일정 지역을 다스리는 제후국의 왕으로 주로 황제의 일가가 임명된다.

5 남이 장군, 혜성과 함께 사라지다

1 총열: 총알이 나가는 방향을 정하여 주는 총의 한 부분. 긴 원통 모양의 강철로 되어 있다.

2 『강목』: 중국 송나라 때에 주자가 펴낸 역사서. 사마광의 『자치통감』을 강목으로 나누어 편집한 것으로, 강에서는 주자가 사실을 요약하고, 목에서는 제자인 조사연이 사평을 달았다. 『통감강목』 혹은 『강목』이라고도 불린다.

3 강순(1390~1468): 조선 전기의 무신. 세조 때 남이와 함께 이시애의 난을 평정한 공으로 적개공신 1등에 신천부원군으로 봉해졌다. 1468년 영의정에 올랐으나 사형 당했다.

4 거열형: 죄인의 다리를 두 대의 수레에 한쪽씩 묶어서 몸을 두 갈래로 찢어 죽이던 형벌로 조선 중기에 없어졌다.

6 인수대비, 며느리에게 사약을 내린 날

1 해동야언: 조선 선조 때 문인 허봉(許?)이 조선 태조부터 명종 대까지의 야사를 비롯하여

진기한 이야기, 색다른 역사 따위를 묶어 편찬한 책으로 현재는 『대동야승』에 실려 전한다.

2 어우동(?~1480): 승문원 지사 박윤창의 딸로 종실인 태강수 이동과 혼인하였으나 천한 신분의 남자들과 문란한 성관계를 맺은 것이 발각된 후 남편에게 소박을 맞는다. 이후 수십 명의 남성들과 난잡한 관계를 맺었고, 그 내용이 『용재총화』, 『성종실록』 등에 남아 있다. 성종 11년 어우동은 풍기문란죄로 의금부에 잡혀가 문초를 받고, 결국 삼종지도를 문란하게 했다는 이유로 사형당한다.

7 연산군, 어머니의 복수를 시작한 날

1 이극돈(1435~1503): 조선 전기의 문신. 성종 2년 좌리공신으로 광원군에 봉해졌고 벼슬이 좌찬성에 이르렀다. 연산군 때 유자광을 시켜 김일손 등을 탄핵하여 무오사화를 일으켰다.

2 김일손(1464~1498): 조선 전기 영남학파를 일으킨 김종직의 제자로 실록에 실릴 사초를 쓰던 사림파 사관이다. 성종 17년에 문과에 급제하고, 이조 정랑을 지냈다. 『성종실록』을 편찬할 때에 춘추관 사관으로 이극돈의 비행을 그대로 쓰고 김종직의 「조의제문」을 실었다고 하여 무오사화 때에 처형되었다.

3 유자광(?~1512): 조선 연산군 때의 간신. 서자 출신으로, 옥사를 일으켜 익대공신 1등으로 무령군에 봉해졌으며, 김종직, 김일손 등을 모함하여 무오사화를 일으켰다.

4 의제(?~기원전 296): 중국 전국시대 초나라의 마지막 왕(懷王)으로 신하였던 항우에게 죽임을 당했다.

5 주정소(晝停所): 임금이 거동 중에 잠시 머물러 낮 수라(水剌)를 들던 임시 거처

6 주왕: 중국 상나라 마지막 왕. 하나라의 걸왕과 더불어 폭군의 전형으로 불린다. 여색을 탐하고 잔인한 짓을 일삼아 나라를 망하게 했다.

---

7 부관참시(剖棺斬屍): 죽은 뒤에 큰 죄가 드러난 사람을 극형에 처하던 일. 무덤을 파고 관을 꺼내어 시체를 베거나 목을 잘라 거리에 내걸었다.

---

8 조장(鳥葬): 예전에 중국의 남쪽 지방에 있던 풍속으로 시신을 들에 내다 놓아 새가 파먹게 하던 원시적인 장사 방법.

---

9 사헌부 지평: 조선시대 사헌부의 정5품 관직으로 정원은 2인이다. 사헌부의 직무는 백관의 비위사실에 대한 탄핵감찰권과 일반 범죄에 대한 검찰권을 아울러 행사할 수 있는 동시에 불복공소에 대한 고등법원으로서의 구실까지 겸하는 등 왕명을 받아 법률을 집행하는 기능과 인사 및 법률 개편의 동의 및 거부권행사라고 할 수 있는 서경권 등 국정전반에 걸쳐 힘이 미치지 않는 곳이 없었다. 지평을 포함한 대관은 사헌부의 기간요원이기 때문에 그 책무는 막중하였으므로 자기의 소신을 굽히지 않고 직언할 수 있는 강직한 젊은 엘리트들이 임명되었는데, 그 대부분이 문과에 급제한 자로서 직배하거나 승문원·성균관·홍문관 등을 거친 자들이 임명되었다.

---

10 사간원 정언: 정원은 2인이다. 1392년(태조 1) 7월의 신반관제는 고려의 관제를 습용한 것이므로 사간원의 전신인 낭사의 간관 11인 중 좌우습유 각 1인이 있어 정6품이었는데, 이 습유가 뒤에 정언으로 바뀐 것이다. 낭사는 문하부의 속아문으로서 간관의 직무를 가지고 사헌부와 더불어 대간을 구성하고 있었다.

---

11 사모(紗帽): 고려 말기에서 조선 시대에 걸쳐 벼슬아치들이 관복을 입을 때에 쓰던 모자. 검은 실로 만들었는데 지금은 흔히 전통 혼례식에서 신랑이 쓴다.

특별기획   조선 왕릉의 비밀

1 수릉(壽陵): 임금이 죽기 전에 미리 만들어 두는 임금의 무덤.

---

2 동기감응(同氣感應): 묘의 좋고 나쁜 기운이 후손들에게 끼치는 영향을 발음(發蔭), 발복(發福) 또는 동기감응이라고 한다. 조상과 후손은 같은 혈통관계로 같은 유전인자를 가지고 있기 때문에 서로 감응을 일으킨다는 이론이다.

---

3 금계포란(金鷄抱卵): 금닭이 알을 품고 있는 모양이라는 뜻의 명당.

---

4 『국조오례의』: 조선 시대 세종의 명으로 허조 등이 편찬에 착수하고, 세조 때 강희맹 등을 거쳐 신숙주, 정척 등이 완성한 예서. 길례(吉禮), 가례(嘉禮), 빈례(賓禮), 군례(軍禮), 흉례(凶禮)의 오례 가운데 실행하여야 할 것을 뽑아 도식(圖式)으로 엮었다. 성종 5년(1474)에 간행되었다.

---

5 순장(殉葬): 한 집단의 지배층 계급에 속하는 사람이 죽었을 때 그 사람의 뒤를 따라 강제로 혹은 자진하여 산 사람을 함께 묻던 일 또는 그런 장례법. 왕이나 귀족 등이 죽으면 첩, 신하, 종 등을 함께 묻었다.

---

6 효종(1619~1659): 조선의 제17대 왕. 이름은 호(淏). 자는 정연(靜淵). 호는 죽오(竹梧). 인조의 둘째 아들로, 병자호란 때 청나라에 8년간 볼모로 잡혀가 있었던 원한을 풀고자 북벌 계획을 실현하기 위하여 송시열, 이완 등을 중용하여 군제를 개편하고 군사 훈련 등에 힘썼으나 뜻을 이루지 못하였다. 1649년부터 1659년까지 재위했다.

이 책에 도움을 주신 분들

고아름　　EBS 한국사·세계사 강사 및 메가스터디 학원 강사. 에스원 사회탐구 전문 학원과 비타에듀 등에서 강의하고 있다. 《중앙일보》 주최로 이뤄지는 문화 행사 「중앙컬처스 클럽」에 한국사 강연자로 섰고, KBS 「TV 책을 보다」에 출연했으며, KBS 「출발 드림팀」 삼일절 특집 문제 해설 위원으로 활약했다. 저서로 『이기적in 한국사능력검정시험 고급 개념서』, 『이기적in 한국사능력검정시험 중급 개념서』 등이 있다.

김경수　　청운대학교 교양학부 교수. 충남대학교 사학과를 졸업하고 같은 학교 대학원에서 박사 학위를 받았다. 주요 논문으로 「세조의 집권과 권력 변동」 등이 있고, 저서로 『평역 난중일기』, 『언론이 조선왕조 500년을 일구었다』, 『조선 시대의 사관 연구』, 『한국사 테마전』, 『주제별로 본 한국의 역사와 문화』, 『조선왕조사 傳』, 『왕은 조선왕조실록을 못 보았을까』, 『500년의 역사가 살아 숨 쉬는 조선왕조실록』 등이 있다.

김문식　　단국대학교 사학과 교수. 서울대학교 국사학과 및 같은 학교 대학원을 졸업하고, 서울대학교 규장각에서 학예연구사로 근무했다. 조선 시대의 경학 사상, 왕실 교육, 국가 전례, 대외 인식에 대해 연구해 왔다. 저서로 『조선 후기 경학 사상 연구』, 『정조의 경학과 주자학』, 『조선의 왕세자 교육』, 『정조의 제왕학』, 『조선 후기 지식인의 대외 인식』, 『조선 왕실 기록문화의 꽃, 의궤』, 『왕실의 천지 제사』 등이 있다.

김용철　　부산대학교 점필재연구소 고전번역학센터 HK연구교수. 고려대학교 세종캠퍼스 국문학과 및 같은 학교 대학원 국문학과를 졸업했다. 주요 논문에 「초기사림파의 자기 형상」, 「『묵재일기』 속의 여비」, 「고전번역학의 학적 대상 시론」, 「15세기 후반 조선의 불경 번역 운동과 '왕의 형상'」 등이 있다.

박금수　　사단법인 전통무예십팔기보존회 사무국장 및 서울대학교 체육교육과 강사. 서울대학교 전기공학부 및 같은 학교 대학원 체육교육과를 졸업했다. 「조선 후기 무예와 진법의 훈련에 관한 연구」로 박사 학위를 받았으며, 주요 논문에 「조선 후기 공식 무예의 명칭 '십팔기'에 관한 연구」 등이 있고, 저서로 『조선의 무(武)와 전쟁』이 있다.

박현모　　한국형리더십개발원 대표 및 여주대학교 세종리더십연구소 소장. 정조 연구로 서울대학교에서 박사 학위를 취득했고, 시민 강좌 「실록학교」에서 10년째 세종과 정조에 대해 강의하고 있다. 주요 논문으로 「정약용의 군주론」, 「『경국대전』의 정치학」 등이 있고, 저서로 『세종이라면』, 『세종처럼』, 『정치가 정조』, 『정조 사후 63년』 등이 있다.

송길영　　다음소프트 부사장, 한국BI데이터마이닝학회 이사 및 이화여자대학교 경영학과의 겸임교수. 고려대학교 컴퓨터학과에서 박사 학위를 받았으며, 오피니언 마이닝 워킹그룹(Opinion Mining Working Group)을 개설하여 기업에서의 데이터 마이닝 활용 연구를 이끌고 있다. 저서로 『여기에 당신의 욕망이 보인다: 빅데이터에서 찾아낸 70억 욕망의 지도』가 있다.

신명호　　부경대학교 사학과 교수. 강원대학교 사학과를 졸업했다. 주요 논문에 「명치 시대 황실 회계법과 황실 재종」, 「19세기 한일 궁중의 후계자 교육 비교 연구」, 「광무·명치 시기 양경 체제 추진과 군주 이미지 활용 비교 연구」, 「조선 전기 왕비·대비의 본궁과 사장」 등이 있고, 저서로 『고종과 메이지의 시대』, 『한국사를 읽는 12가지 코드』 등이 있다.

신용구　　안양 해원정신건강의학과 병원 원장. 인제대학교 의과대학을 졸업하여 국립 서울정신병원에서 정신과 레지던트 과정을 마치고 정신과 전문의 자격을 취득했다. 역사 인물들의 다양한 행동 유형에 대해 지속적으로 연구해 왔다. 저서로 『콤플렉스 역사 읽기』, 『박정희 정신 분석, 신화는 없다」, 『격몽』, 『나, 박정희』 등이 있고, 옮긴 책으로 『성적 공포, 성적 혐오, 그리고 공황장애』가 있다.

안상현　　　한국천문연구원 선임연구원. 서울대학교 천문학과에서 천문학 박사 학위를 받았다. 초기 은하에서 나오는 수소의 라이먼 알파 방출선, 감마선 폭발 천체, 공생별 등을 천체물리학적으로 연구를 하였으며, 역사 속의 별똥비, 혜성, 일식, 월식, 천문도, 보천가, 천지서상지 등을 대상으로 역사 천문학을 연구하고 있다. 저서로 『우리가 정말 알아야 할 우리 별자리』, 『한국사 탐험대』, 『우리 혜성 이야기』가 있다.

이창환　　　상지영서대학교 도시조경인테리어과 교수. 성균관대학교에서 조경학으로 공학박사 학위를 취득했고, 중국 베이징임업대학교에서 원림 건축을 공부했다. 실측을 통해 조선 왕릉의 조영 특성을 찾아 탁월하고 보편적 가치를 찾는 데 기여했고, 조선 왕릉이 유네스코세계유산에 등재되는 데 직접 참여했다. 주요 논문으로 『조선 왕릉의 입지와 공간 구성』, 『조선 왕릉의 능제 복원 연구』 등이 있고, 저서로 『동양 조경 문화사』(공저), 『세계문화유산 신의 정원 조선 왕릉』 등이 있다. 현재 국제기념물유적협의회 한국위원회 집행위원으로 활동 중이다.

장유정　　　뮤지컬 연출가 겸 작가, 영화감독. 한국예술종합학교 연극원 연출과를 졸업했다. 주요 작품에 연극 『멜로드라마』, 영화 『김종욱 찾기』, 뮤지컬 『송산야화』, 『오! 당신이 잠든 사이』, 『김종욱 찾기』, 『형제는 용감했다』, 『금발이 너무해』, 『그날들』 등이 있다.

채연석　　　과학기술연합대학원교수, 전 항공우주연구원장. 미국 미시시피 주립대학교에서 항공우주공학을 전공하여 국내 최초의 액체 과학 로켓 KSR-3 개발책임자를 역임했다. 우리 역사 최초의 로켓 화기인 신기전을 포함하여 전통 총포와 화차 등 20여 점을 최초로 복원하여 발사했다. 주요 논문으로 『주화와 신기전 연구』, 『한

국 초기(1400~1467) 화기 연구』가 있고, 저서로 『한국 초기 화기 연구』, 『로켓 이야기』 등이 있다.

최태성　　　EBS 한국사 강사 및 대광고등학교 교사. 국사편찬위원회 자문 위원 및 EBS 역사 자문 위원으로 활동했으며, KBS 라디오 「황정민의 FM 대행진」, '별별 히스토리' 코너를 진행했다. 저서로 『중·고등학교 한국사 교과서』, 『고등학교 한국사 역사부도』, 『한눈에 사로잡는 한국사』, 『교과서 밖으로 나온 한국사』 등이 있다.

역사저널

그날

2권

문종에서 연산군까지

1판 1쇄 펴냄 2015년 2월 23일

1판 14쇄 펴냄 2020년 9월 28일

지은이   KBS 역사저널 그날 제작팀

발행인   박근섭, 박상준

펴낸곳   (주)민음사

출판등록   1966. 5. 19. (제16-490호)

주소   서울특별시 강남구 도산대로1길 62(신사동)

                강남출판문화센터 5층 (우편번호 06027)

대표전화   02-515-2000 ｜ 팩시밀리 02-515-2007

홈페이지   www.minumsa.com

ISBN 978-89-374-1702-3 (04910)

      978-89-374-1700-9 (세트)